GESCHICHTE

VON DER ANTIKE BIS ZUM 30-JÄHRIGEN KRIEG

Von Gerhard Dellmann, Anna Heldmann,
Josef Schölling und Werner Zenker

Herausgeber: Prof. Dr. Peter Conrady

Verlag
Information & Bildung
Berlin

EDITORIAL

Zielsicher zu fundierter Allgemeinbildung!

Mehr Wissen ist der Trend der Zeit! Eine gute Allgemeinbildung ist unverzichtbar, sie gehört zum Grundbestand unserer Kultur und unseres täglichen Lebens. Ob bei Einstellungstests, Vorstellungsgesprächen oder im normalen Alltagsleben – eine fundierte Allgemeinbildung ist überall gefragt.

Die Reihe „Erfolg mit Wissen" lässt Zusammenhänge erkennen, Entwicklungen nachvollziehen, Systeme verstehen. Jeder Band bietet einen kompakten und kompetenten Überblick über ein Wissensthema: Basiswissen wird neu angelegt! Bereits vorhandenes Wissen wird strukturiert! Lücken werden geschlossen!
Besonders für Jugendliche und junge Erwachsene, die nach Schulabschluss oder während Lehre und Beruf noch offene Fragen in Sachen Allgemeinbildung haben. Aber auch für alle anderen, die „Lust auf Wissen" haben.

Lesen – Wissen – Verstehen – Mitreden!

In der Reihe „Erfolg mit Wissen" sind außerdem folgende Titel erschienen:

- **Geschichte** – Von der Aufklärung bis 1945
- **Mathematik** – Grundwissen kompakt
- **Deutsch** – Erfolgreich Reden und Schreiben
- **Wirtschaft & Soziales** – Grundlagen der Wirtschaft

INHALT

Der Beginn der Weltgeschichte

Griechenland – Vom Stadtstaat zum Weltreich

Das Römische Weltreich

Frühes Mittelalter

Hohes und Spätes Mittelalter

Eine neue Zeit bricht an

DER BEGINN DER WELTGESCHICHTE

Von der Urgeschichte zur Antike

Räumliche und zeitliche Einordnung des Altertums

Das Altertum steht zwischen der Vorgeschichte und dem nachfolgenden Mittelalter. Innerhalb des Altertums findet das **klassische Altertum** oder **Antike** eine eigene begriffliche Abgrenzung. Den Mittelpunkt der „Alten Welt" bildete der Mittelmeerraum mitsamt seiner angrenzenden Länder. Da jene Region trotz ihrer politischen Zersplitterung zu einer geistigen Einheit fand, wies das Römische Weltreich durch die Vermittlung antiker Denk- und Lebensformen dem abendländischen Mittelalter kulturell den Weg.

Die **Erfindung der Schrift** markiert die Grenze zur Vorgeschichte und damit den Übergang zum geschichtlichen Leben. Für frühere Zeiten liefert allein die Archäologie Hinweise zur Lebensart der alten Völker. Erst durch das geschriebene Wort gelingt es der Menschheit, Erinnerung zu speichern und Wissen zu transportieren. Dank der schriftlichen Zeugnisse des Altertums erhellt sich unser Bild von den früheren Zeiten. Die Schrift entwickelte sich aber nicht überall zur gleichen Zeit. Daher muss innerhalb des Altertums die Grenze zur Vorgeschichte unterschiedlich verlaufen. Für den Raum des Alten Orients z. B. liegt die Zeitenwende um 3 500 v. Chr. Die ältesten etruskischen Inschriften hingegen gehören in das 7. vorchristliche Jahrhundert. Genauso schwierig ist die Epochengrenze zum Mittelalter auszumachen. In Italien leitete die **Völkerwanderung** schon 375 n. Chr. den Beginn einer neuen Zeit ein. Diese Wanderungen berührten auch den griechischen Raum. Doch anders als im Westen führten sie dort zu keinen tiefgreifenden Umwälzungen. Hier ereignete sich die epochemachende Zäsur im Jahre 529 n. Chr., als Justinian die älteste Philosophenschule Athens, die **Akademie**, nach fast 1000 Jahren schließen ließ – sie galt ihm als Hort unchristlicher Lehre. Für die islamische Welt dagegen endet das Altertum mit dem Auszug **Mohammeds** von Mekka nach Medina im Jahre 622 n. Chr. Streng genommen war es eine Anzahl unterschiedlichster Begebenheiten, die in ihrer Summe vom 4. bis zum 7. nachchristlichen Jahrhundert mit den alten Strukturen brachen. Erst in ihrer Gesamtheit schufen diese Ereignisse die Grundlagen für den Beginn eines neuen Zeitalters: das **Mittelalter**.

Um 387 v. Chr. gründete Platon die **Akademie** *mit dem Kauf eines Gartens vor den Toren Athens. Trotz mancher Konkurrenz stand sie als die älteste Schule sowohl in der griechischen als auch in der römischen Welt im Mittelpunkt des philosophischen Lebens.*

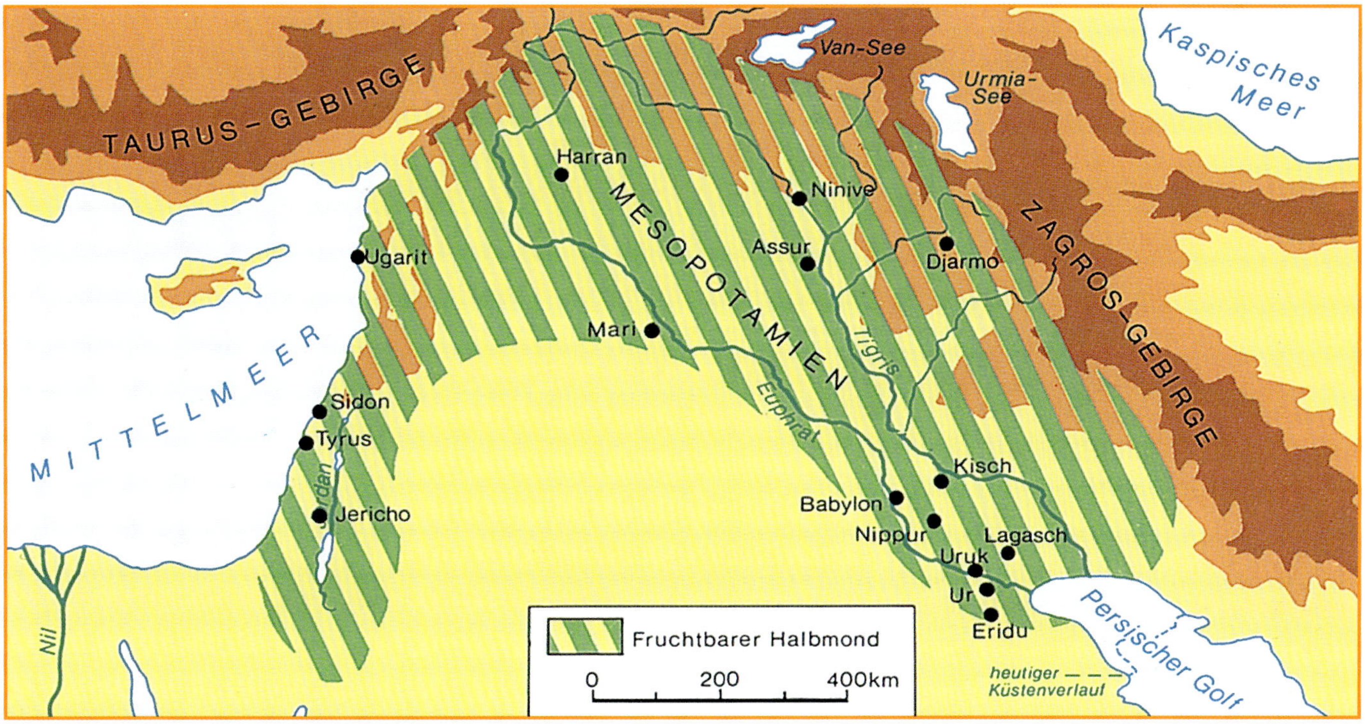

Der Vordere Orient zur Zeit der frühen **Hochkulturen**. *Diese enstanden meist in den Landschaften großer Flußebenen, z.B. in Mesopotanien oder am Nil in Ägypten.*

Die Erfindung der Schrift

Eine der größten Erfindungen der Menschheit verdanken wir den **Sumerern**, die im 5. Jahrtausend v. Chr. in das Gebiet Mesopotamien (vgl. Karte) einwanderten. Sie gründeten die ersten Hochkulturen. Die sumerische Zeichenschrift gelangte wohl vom Zweistromland nach Ägypten, Indien und China. Hier entwickelten sich die unterschiedlichsten Formen von Wort- und Silbenschriften. Die bekannteste unter ihnen sind die ägyptischen **Hieroglyphen**. Erst im 11./12. Jh. v. Chr. feierte das **alphabetische Schriftsystem** seinen Durchbruch in den phönikischen Küstenstädten. Doch keine der bisherigen Schriftarten kannte Vokale. Durch die rege Handelstätigkeit der Phöniker verbreitete sich das so genannte **phönikische Konsonantenalphabet** im ägäischen Raum. Auf diesem Weg gelangte es um 900 v. Chr. zu den Griechen. Diese ergänzten es durch Vokale. Damit entwickelten sie die erste reine Lautschrift in der Geschichte der Menschheit. Im Zuge der griechischen Koloniegründungen auf der italischen Halbinsel setzte sich dieses Schriftsystem auch bei den Etruskern und Römern durch. Mit dem Aufkommen des **griechischen Alphabets** und seiner leichten Erlernbarkeit erreichte das Prinzip der Schrift eine neue Dimension. Die Schrift verließ den exklusiven Kreis der Höfe und Tempel, um in breiten Bevölkerungskreisen Einzug zu halten. Vom mediterranen Kulturkreis ausgehend, verbreitete sich unser heutiges Schriftsystem unter dem Einfluss der römisch-katholischen Kirche über ganz Europa. Verdienst der Kirche war es auch, die Schrift über das weitgehend analphabetische frühe Mittelalter hinweg zu retten.

Die Antike lebt

Europa und seine Randzonen sind übersät mit Zeugnissen der gemeinsamen griechisch-römischen Vergangenheit. Fast an jedem Ort lässt sich ein Meisterstück bestaunen. Bauwerke wie Tempel, Triumphbögen, Amphitheater, aber auch Kastelle, Thermen, Aquädukte oder Straßen stehen den modernen Konstruktionen in Gestalt, Form und Ausführung oftmals in nichts nach. Aber auch im Alltag treffen wir ständig auf antike Hinterlassenschaften. Sei es im Bankwesen oder im Falle von Amtsabzeichen, in der Jahreszählung oder auch in Form von Fremdwörtern, immer wieder begegnen wir den alten Römern und Griechen. In unzähligen Fällen unseres Schaffens bauen wir auf dem geistigen Fundament der Antike auf. Kunst, Dichtung, Wissenschaft und Philosophie zeigen bis heute ihre Vorbildfunktion. Während der Zeitenwende vom Mittelalter zur Neuzeit schrieb sich das Europa der Renaissance sogar die Wiederbelebung der griechisch-römischen Welt als erklärtes Ziel auf seine Fahnen. Die nachhaltigste Wirkung erleben wir allerdings im politischen Leben. Der Gegenwart hinterließen die Griechen die Demokratie, die Römer hingegen die Republik.

GRIECHENLAND – VOM STADTSTAAT ZUM WELTREICH

Griechenland im 3. und 2. Jahrtausend v. Chr.

Minos und Mykene

Wann beginnt griechische Geschichte? Lange Zeit glaubte die Wissenschaft, dass handgreifliche Geschichte in Griechenland erst um 800 v. Chr. einsetzte. Doch die Entdeckung des mykenischen Griechentums im 19. Jahrhundert zog neue Grenzlinien. Sie legte den Beginn der griechischen Geschichte bereits in das 2. Jahrtausend v. Chr.

Das minoische Kreta

Unter den **Minoern** entwickelte sich auf der Insel Kreta die erste Hochkultur. Ihrer Herkunft nach waren die Minoer keine Griechen. Der sagenhafte **König Minos** war der Namensgeber jener kretisch-minoischen Welt, dem leuchtenden Mittelpunkt des Griechenlands von einst. Im Gegensatz zum westlichen Europa hatte man hier der bäuerlichen Lebensweise bereits den Rücken gekehrt. Damit konnten noch nicht dagewesene Formen des politischen und gesellschaftlichen Zusammenlebens in den Vordergrund treten. Das Leben entfaltete sich nun in den Städten, deren Herzstück die prunkvollen und groß angelegten Palastanlagen der Insel bildeten. Eine starke Flotte sicherte Kreta die Seeherrschaft über das östliche Mittelmeer sowie den Ausbau eines lukrativen Fernhandelsnetzes, das bis nach Syrien und Ägypten reichte. Kreta wähnte sich in Sicherheit und vertraute auf seine unbestrittene Machtfülle. Ein kriegerischer Geist hatte in dieser Atmosphäre des Friedens und Reichtums keinen Platz mehr. Die wohlhabenden Bürger verzichteten sogar auf die Befestigung ihrer Paläste und Wohnstätten. Nicht mehr Kampf und Krieg, sondern sinnenfroher Genuss diente als Leitfaden dieser vollends aristokratisch geprägten Gemeinschaft, die einem aufwändigen Hofleben mit Festen und Spielen frönte.

Um 1450 v. Chr. beendete eine inselweite Katastrophe – vielleicht ein Erdbeben – die Blüte Kretas. Die minoischen Paläste versanken in Schutt und Asche. Die tatsächliche Ursache für den Niedergang der kretischen Zivilisation bleibt aber unklar. Um 1400 v. Chr. gelang den **Mykenern** die Eroberung Kretas. Hier wie in der übrigen griechischen Welt beendete der mykenische Machtwechsel endgültig die minoische Vorherrschaft.

Der Palast von Knossos *ist verbunden mit der Sage vom Labyrinth von Knossos. Der Verschlungenheit dieser Gänge zu entfliehen, soll erst dem Athener* **Theseus** *gelungen sein. Nach der Bezwingung des Minotaurus sicherte ihm ein am Eingang befestigtes Knäuel Garn den Rückweg aus dem Labyrinth.*

König Minos und der Minotaurus

Der Sage nach soll der mächtige Minos in dem prunkvollen Palast von Knossos auf Kreta geherrscht haben. Als Zeichen der Würde hatte der Gott des Meeres, **Poseidon**, dem Minos einen herrlichen Opferstier geschickt. Doch Minos ließ das Tier am Leben anstatt es zu opfern. Wegen dieses Opferbetruges verliebte sich die Gattin des Minos in den Stier und gebar schließlich ein stierköpfiges Ungeheuer, den **Minotaurus**. Diesem Fabelwesen, halb Mensch, halb Stier, ließ Minos in seiner Palastanlage das berühmte Labyrinth erbauen. Alle neun Jahre sollen ihm jeweils sieben Jungfrauen und Jünglinge aus Athen zum Fraße vorgeworfen worden sein.

Heinrich Schliemann (1822-1890), ein Mecklenburgischer Kaufmann, begann in einem unbeirrbaren Glauben an Homer und dessen geographische Angaben 1863 seine Ausgrabungen in Griechenland. Dabei stieß er unweit des **Löwentors** auf **die Königsgräber von Mykene**. Eingebettet in ein mächtiges Mauerwerk, diente das Tor als Haupteingang zur Burganlage.

Die vergessene Schrift

In den weiträumigen Palastanlagen auf Kreta kam es zu einer ganz neuen Konzentration von Politik und Wirtschaft. Die Entwicklung der Schrift war die Antwort auf diese zentral gelenkte Wirtschaft und Verwaltung. Denn wie in anderen Hochkulturen war aus den Erfordernissen der neuen und komplizierten Wirtschafts- und Verwaltungsaufgaben die Notwendigkeit von schriftlicher Fixierung erwachsen. Auch die nachfolgenden Mykener hatten die Vorzüge und Möglichkeiten von Schrift schnell erkannt. Doch die Schrift erfasste keine breiten Bevölkerungskreise, sondern blieb als reine Verwaltungsschrift stets den führenden Schichten vorbehalten. So folgte auf den Zusammenbruch Mykenes zwangsläufig auch der Niedergang der Schrift. Abgesehen von wenigen und schwer zu entziffernden Texten besitzen wir für die Rekonstruktion der kretisch-mykenischen Welt keine schriftlichen Quellen. Allein die griechischen Götter- und Heldensagen in den Erzählungen Homers geben uns einen kleinen, wenn auch verfremdeten Einblick in die griechische Frühzeit.

Das mykenische Festland

Es waren die Funde **Heinrich Schliemanns** (1863), die uns die Tore zur geheimnisvollen Welt der **Mykener** öffneten. Wohl schon 1900 v. Chr. waren indogermanische Einwanderer und Eroberer nach Hellas gezogen. In den folgenden Jahrhunderten des wohl eher friedvollen Verschmelzens der Neuankömmlinge mit der altmediterranen Bevölkerung formte sich um 1600 v. Chr. das Volk der mykenischen Frühgriechen. Schritt für Schritt setzten sich diese gegen das benachbarte und seebeherrschende Kreta vom Festland aus durch. Am Ende dieser Entwicklung stand die Übernahme der politischen und sozialen Führung in Griechenland.

Die **Mykener** verdanken ihre besondere Stärke der hochentwickelten kretischen Zivilisation. Sie profitierten von den zahlreichen minoischen Errungenschaften. Insbesondere in der Organisation von Staat, Gesellschaft und Wirtschaft war Kreta das Vorbild. Dennoch sind beide Kulturkreise in vielen Punkten einander entgegengesetzt. Die Burganlagen und auch andere Darstellungen aus mykenischer Zeit zeigen eine durch und durch kämpferische Welt. Mit den kretischen Lebensidealen von einst hatte diese nichts mehr gemein. Nun boten Burgwälle und festes Mauerwerk Schutz vor feindlichen Angriffen, während die mykenischen Könige selbst in unzähligen Kriegs- und Beutezügen ihre unvorstellbaren Reichtümer vermehrten. Eine hohe technische Begabung stellten die Mykener bei dem Bau ihrer Burganlagen unter Beweis. Sturmsichere Tor- und Treppenanlagen oder Brücken sollten jedem Angreifer Einhalt gebieten.

Die Maske des Agamemnon: *In den Schachtgräbern von Mykene bedeckten Totenmasken die Gesichter der Leichen. Heute steht fest, dass die bärtige Maske nicht Agamemnon, dem ruhmreichen Krieger von Troja, zuzuschreiben ist. Die mykenischen Fürsten nämlich, denen die Goldschätze ins Grab gelegt worden waren, hatten bereits 300 Jahre vor Agamemnon gelebt.*

Die Palastanlage von Mykene:
Szenen mit Streitwagen und Eberjagden schmückten einst die Wände der mykenischen Paläste. Sie dokumentierten den kriegerischen Geist dieser Kultur.

Die Dunklen Jahrhunderte

Griechenland versinkt in Dunkelheit

Der Glanz der mykenischen Welt war nur von kurzer Dauer. Das heroische Zeitalter von Mykene hatte bereits den Höhepunkt seiner Blüte überschritten, als Griechenland 1200 v. Chr. von einer erneuten Invasion getroffen wurde. 200 Jahre lang erschütterte der Völkersturm den europäischen Kontinent. Das Reich der Helden und Sagen erlag den Folgen jener Bevölkerungsverschiebungen, die als **Ägäische Wanderung** bekannt wurden.

Mit der Flut einwandernder und erobernder **Barbaren** versank die gesamte griechische Welt in eine undurchdringliche Finsternis. Es folgte die Zeit der **Dunklen Jahrhunderte**. „Dunkel", weil wenig von ihnen bekannt ist. „Dunkel", weil das, was bekannt ist, von einem kulturellen Tiefstand zeugt. Die Errungenschaften der kretisch-mykenischen Zivilisation überlebten den Niedergang ihrer Träger nicht. Die Bevölkerungszahl nahm ab und die materielle Kultur verarmte. Sogar die Kenntnisse der Schrift scheinen in den Wirren der Wanderungsbewegungen verloren gegangen zu sein.

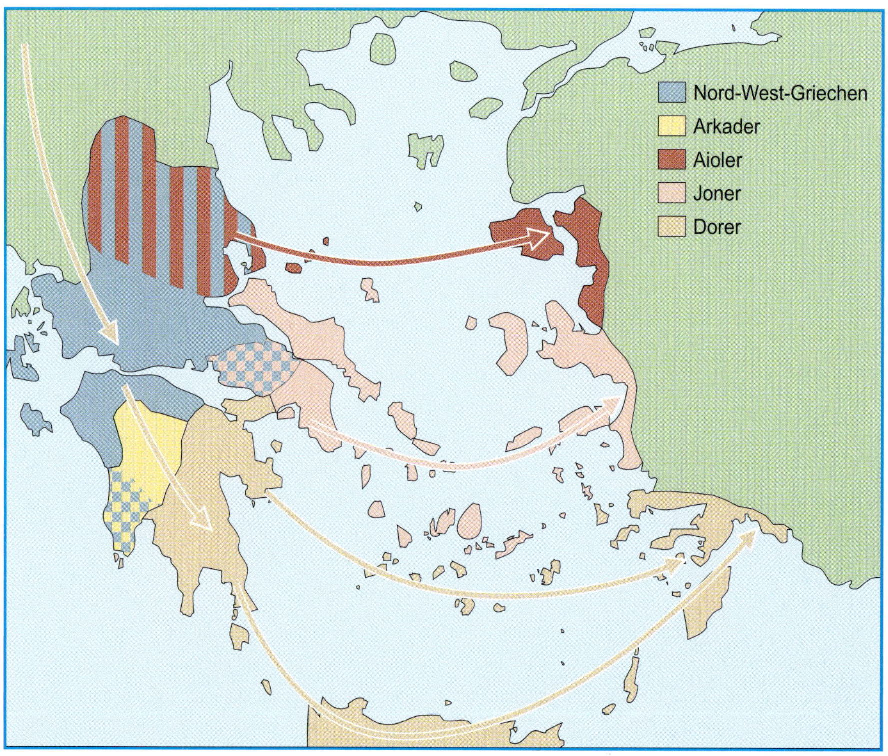

Die **Bevölkerungsbewegung** *der Ägäischen Wanderung*

Nach dem Ende der großen Wanderungen erhielt Griechenland seine endgültige ethnische Struktur. Drei Stammesgruppen hatten sich über das Mutterland und die Küsten Kleinasiens verteilt. Dazu zählten unter anderem die **Hellenen**, die in den zahllosen kleinen Städten, den **poleis**, siedelten. Anders als in Ägypten oder im Alten Orient existierte in Griechenland kein einheitlicher Herrschaftsbereich. Hier war die politische Zersplitterung bereits in den geschichtlichen Anfängen eine Grundtatsache. Dennoch bildete der griechische Raum eine kulturelle und sprachliche Einheit. In diesem Zusammenhang ist die Wirkung der homerischen Dichtung nicht zu unterschätzen. Die Erzählungen Homers sind die ältesten Werke der griechischen Literatur. Sie haben damals wohl in jeder Hausbibliothek ihren Platz gefunden. Stets führten sie ihren Lesern die gemeinsamen Wurzeln in Sprache, Kultur und Religion vor Augen, wodurch jede politische Zersplitterung vergessen wurde. Damit boten sie einem gesamtgriechischen Nationalgefühl ein erstes Fundament.

Die Griechen nannten alle Nichtgriechen **Barbaren**. Fremde Sprachen waren ihnen unverständlich. Die Laute empfanden sie als so hässlich, dass sie nur Gekrächze, eben ein bloßes „bar-bar" zu hören glaubten.

Nicht einer, sondern zwei Homer. In Bezug auf Homer sind besonders seine Epen (in Versen erzählte Geschichten) bedeutend. Während die **Ilias** die Eroberung Trojas beschreibt, widmet sich die **Odyssee** den anschließenden Irrfahrten des Odysseus. Doch der schriftlichen Fixierung von „Ilias" und „Odyssee" waren Jahrhunderte der mündlichen Überlieferung vorausgegangen. Wie man heute weiß, schrieben erst im 8. Jahrhundert v. Chr. nicht nur ein Mann namens Homer, sondern mindestens zwei Dichter die Erzählungen nieder. Die Autoren verwoben die mykenische Welt mit Eindrücken und Erfahrungen aus eigener Zeit.

Homer und die Mythen der Götter

Die antike griechische Religion kannte nicht einen einzigen Gott, sondern ehrte viele Götter. An der Spitze der Götterfamilie stand Zeus als Hausvater und Hera als Mutter, die vom **Olymp** aus im Kreis der insgesamt zwölf höchsten Götter regierten. Diese entsprachen keineswegs unseren heutigen Vorstellungen von Gott. Sie waren weder allmächtig noch allgegenwärtig, sondern gaben eher das Bild von „Supermenschen" ab. Obgleich sie als unsterblich galten, sprach man ihnen durchaus menschliche Eigenschaften zu, wie Liebe, Hass und Eifersucht, die auch in der Welt der Menschen zu spüren waren. Diese Vermenschlichung des Göttlichen geht wahrscheinlich zum Großteil auf Homer zurück. In den homerischen Epen fand die Welt der Götter erstmalig schriftlichen Niederschlag. Den Kampf ums Überleben verloren sie erst gegen das Christentum.

Die Legende vom Trojanischen Krieg

Die Erzählung von der Belagerung und Eroberung Trojas war ein zentraler Bestandteil der griechischen Mythen. Die Göttin Aphrodite hatte dem trojanischen Königssohn Paris die schönste Frau auf Erden als Preis versprochen, wenn er sie zur schönsten Göttin wählen würde. Als dies geschehen war, raubte Paris die schöne Helena, die Gattin des Königs von Sparta, verschleppte sie nach Troja und löste auf diese Weise den **Trojanischen Krieg** aus.

Alle griechischen Helden nahmen unter der Führung des **Agamemnon** an dem Feldzug gegen Troja teil. Zehn Jahre des Kampfes und des Blutvergießens folgten. Am Ende siegten die Griechen mit einer List. Auf den Rat des Odysseus hin bauten sie ein hölzernes Pferd. Dort versteckten sie sich, nachdem sie ihre Abfahrt vorgetäuscht hatten. Die ahnungslosen Trojaner hielten das hölzerne Pferd für ein Weihgeschenk. Sie holten das vermeintliche Geschenk und damit den Feind in ihre Stadt.

Mythos: Übersetzt bedeutet das griechische Wort „Mythos" einfach „Erzählung". Die Mythen berichten von Götter- und Heldensagen und damit von den Ereignissen aus vorgeschichtlicher Zeit. Die Überlieferung und Niederschrift der Mythen erfolgte durch die Dichtung. In Europa und im Alten Orient waren die ältesten literarischen Texte eine Sammlung der mythischen Geschichten. In Griechenland widmete sich der Dichter Homer als erster dem umfassenden Thema der Götter- und Heldensagen.

Olympische Spiele der Antike

Seit 776 v. Chr. trafen sich Sportler aus ganz Griechenland in **Olympia**, um dort zu Ehren des Zeus Wettspiele auszutragen. Die prestigeträchtigen Spiele waren ein wichtiges Glied in der Ausbildung und Bewahrung gesamtgriechischer Bindungen. Nachdem sie im 4. Jahrhundert n. Chr. abgeschafft worden waren, wurden sie erst 1896 von dem Franzosen Baron de Coubertin erneut ins Leben gerufen.

Olympia, Griechenland: *Durch dieses Eingangstor gelangten die Athleten einst in das Stadion.*

Das Archaikum (800 – 500 v. Chr.)

Licht ins Dunkel

Das **Archaikum** setzte dem Dunkel der vorangegangenen Jahrhunderte ein Ende. Erstmalig in der griechischen Geschichte steht durch die Verbreitung der Schrift reichlich Quellenmaterial zur Verfügung. Zahlreiche schriftliche Zeugnisse erlauben nun einen besseren Einblick in die sozialen, wirtschaftlichen und politischen Verhältnisse. Als politische Einheit bevorzugten die Griechen Stadtstaaten. Dort erlag die Monarchie den wachsenden Herrschaftsansprüchen des erstarkenden Adels. In heftigen sozialen Krisen wandelte sich schließlich der reine Adelsstaat erst in eine Herrschaft der Vermögenden und mündete schließlich in die Herrschaft des Volkes. Die Griechen bewohnten neben dem Mutterland die kleinasiatische Küste. Zudem besiedelten sie in einer riesigen Kolonisationsbewegung große Küstengebiete des Mittelmeeres und des Schwarzen Meeres.

Der Adelsstaat

In Griechenland herrschten einst Könige. Doch bereits in der Zeit der **Dunklen Jahrhunderte** verloren sie ihr Machtmonopol an den wirtschaftlich und sozial bedeutenden Adel. Dieser zog alle politische Gewalt an sich. Er teilte die politische Macht unter sich auf, indem er alle Ämter mit seinesgleichen besetzte. Über die Bereiche der Rechtsprechung, des Kriegführens und der Götterpflege kontrollierte er schließlich alle wichtigen Funktionen der Gemeinschaft. Die Aufteilung der Ämter und deren alljährliche Neubesetzung sollte verhindern, dass ein Einzelner zu viel Macht ansammelte und dadurch den Bestand der aristokratischen Ordnung gefährdete. Diesem Zweck diente auch die höchste öffentliche Instanz, **der Rat**. In ihm versammelten sich sämtliche Häupter der adeligen Familien. Gemeinsam wachten sie über das ordnungsgemäße Verhalten ihrer Standesgenossen. Der gemeine Mann hingegen hatte sich den Beschlüssen der Herrenschicht zu fügen. Er war nur ein Kleinbauer oder stand im Dienst der adeligen Grundherren. Selbst in militärischen Angelegenheiten spielte er eine untergeordnete Rolle. Denn große Heerscharen existierten noch nicht. In Form des Zweikampfes nämlich führte der Adel selbst die militärische Entscheidung herbei. Der beträchtliche Grundbesitz hatte die Adelsgesellschaft vom Zwang zur Arbeit befreit. Kampfspiele, Wagenrennen, Jagd und Muße waren der vornehmliche Lebensinhalt des Adels.

In archaischer Zeit erlebte unter anderem die Vasenmalerei einen ersten Höhepunkt. Beide Vasen zeigen als Motive eine Episode aus der Geschichte des Odysseus. Auf seiner Heimfahrt von Troja gelangte Odysseus auf die Insel des einäugigen und menschenfressenden Riesen Polyphem (oben), einem Sohn des Meeresgottes Poseidon. Er konnte sich zwar vor dem Riesen retten, indem er ihm sein einziges Auge ausstach. Dennoch hatte er sich durch seine Tat den Zorn des Vaters zugezogen. Aus Strafe schickte Poseidon den Odysseus auf eine zehnjährige Irrfahrt durch die Meere. Dabei musste Odysseus auch den Felsen der Sirenen passieren. Mit ihrem Gesang lockten die Sirenen Seefahrer an, um sie dann zu töten. Odysseus verstopfte die Ohren seiner Gefährten mit Wachs. Sich selbst ließ er am Mast festbinden und entkam so der Verführung.

Die Polis: In weiten Teilen Griechenlands setzte sich in archaischer Zeit die Siedlungsform der **Polis** endgültig durch. Sie war vielerorts nur eine städtische Siedlung, die man um eine befestigte Anhöhe erbaut hatte. Hier wohnte der Großteil der Bevölkerung. Den Lebensunterhalt bezog man von den landwirtschaftlichen Nutzflächen des näheren Umlandes. Die politischen Entscheidungen dagegen fielen auf den Versammlungsplätzen innerhalb der Stadt. Die Polis lebte nach den strengen Prinzipien der Autonomie und Autarkie. Die Freiheit nach außen, die Selbstbestimmung im Inneren sowie die wirtschaftliche Unabhängigkeit wurden stets verteidigt. Das besondere Kennzeichen der Polis war ihre Engräumigkeit. Diese führte zu einer ungewöhnlichen Konzentration und Intensivierung des politischen Lebens. Denn die Kleinheit der Verhältnisse ermöglichte allen Bürgern eine aktive Teilhabe an Politik und Verwaltung.

Die Große Kolonisation (750-550 v. Chr.)

Für den Gang der europäischen Geschichte war die Ansiedlung der Hellenen an wichtigen Küstenplätzen des Mittelmeer- und Schwarzmeer-Raumes sehr bedeutend. Im Zuge der **großen Kolonisation** vollzog das politisch zersplitterte Griechentum eine enorme wirtschaftliche und kulturelle Expansion. Zahlreiche Ursachen und Anlässe können für das umfassende Siedlungswerk namhaft gemacht werden. Notwendig wurde die Ausbreitung des Griechentums wohl durch den rasanten Anstieg der Bevölkerung im Mutterland selbst. Bei den primitiven Methoden der Landwirtschaft waren die engräumigen Polisstaaten nicht mehr imstande, für die Ernährung ihrer eigenen Bewohner zu sorgen. Griechenland selbst war rar an fruchtbaren Tälern oder Ebenen. Es bot kaum noch Platz für neue Stadtgründungen. Einzig und allein die Suche nach neuem Siedlungsland fernab der Heimat schien aus dieser ausweglosen Situation zu führen. Aber auch außenpolitischer Druck, handelspolitische Gesichtspunkte und der notwendige Unternehmungsgeist stärkten den Wunsch nach Expansion.

Die Kolonisationsidee erfasste ganz Hellas. Von überall fuhren die Griechen übers Meer. Die Stadtgründungen erstreckten sich von Sizilien bis an die spanische Ostküste und von Unteritalien bis an die heutige Côte d`Azur. Aber auch die Küstenstriche von Nordafrika bis zum Schwarzen Meer blieben nicht ausgespart. „Wie Frösche saßen die Griechen nun um den großen Teich", wie der Philosoph Platon treffend sagte. Die „Frösche" verließen die Ufergefilde nicht, d.h. Kolonialreiche zu errichten, war nicht ihr Ziel. Es widersprach dem Ideal der griechischen Polis, über den Rahmen des Überschaubaren hinauszugreifen. Die neuen Siedlungen blieben relativ kleine Herrschaftsräume. Auch die Verbindungen mit der Mutterstadt reichten meist nicht über das Religiöse hinaus.

Die fremden Länder wurden nicht unterdrückt. Im Gegenteil, alle Beteiligten der griechischen Kolonisation profitierten vom gegenseitigen Austausch.

Die Welt der Griechen um 750 – 550 v. Chr.:
Das wichtigste Ergebnis der Großen Kolonisation war die Ausbreitung des Griechentums, die sich aber nur auf die küstennahen Gebiete beschränkte.

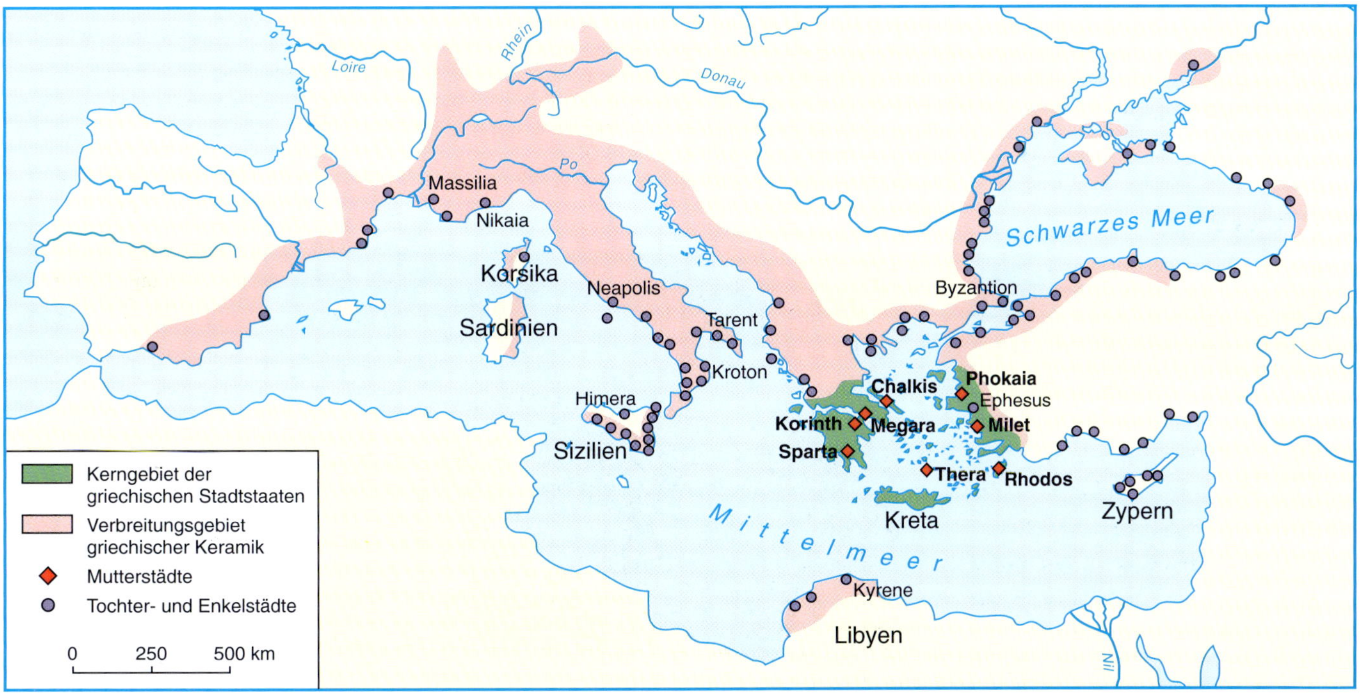

Staatsverfassung im Wandel

Die Krise der archaischen Polis

Bereits zum Ende des 8. Jahrhunderts stürzte der Adelsstaat in eine schwere Krise. Die alteingesessenen Adelsfamilien verwirkten das Recht auf unangefochtene politische Herrschaft, nachdem sie ihre wirtschaftliche und militärische Vorrangstellung verloren hatten. In Geldsachen konkurrierte ein neuer Berufsstand von kapitalträchtigen Handwerkern und Kaufleuten mit dem landbesitzenden Adel. Seinem wirtschaftlichen Gewicht entsprechend forderte er nun politische und gesellschaftliche Aufwertung. In militärischer Hinsicht untergrub eine folgenschwere Neuerung der Kriegstechnik die Autorität der adeligen Oberschicht. Denn mit Einführung der so genannten **Phalanxtechnik** führte nicht mehr der adelige Ritter zu Pferde im Zweikampf, sondern die Masse des nichtadeligen Fußvolkes die Kriegsentscheidung herbei. Schwer bewaffnet mit Metallhelm, Brustpanzer, Beinschienen, Schild, Lanze und Schwert zog das Bürgerheer in geschlossener Formation in den Krieg. Da jeder Soldat der antiken Tradition entsprechend für sein Rüstzeug selbst aufzukommen hatte, konzentrierte sich die Rekrutierung des Heeres auf den wohlhabenden Teil der freien Bauernschaft. Angesichts ihrer außerordentlichen Bedeutung für den Fortbestand der Polis erhoben die nichtadeligen, aber selbstbewussten Waffenträger Anspruch auf mehr politische Mitsprache, als im traditionellen Adelsstaat üblich war.
Der Wandel im Kriegswesen traf auf eine massive Schieflage des gesellschaftlichen Gleichgewichts mit ausreichend sozialem Zündstoff. Nach wie vor kämpfte das griechische Mutterland mit den Folgen der Bevölkerungsexplosion. Landknappheit, Erbteilung und ein unbarmherziges Schuldrecht hatten unzählige Kleinbauern in eine existenzgefährdende Notlage gestürzt. Nicht selten folgte auf die wirtschaftliche Zwangslage der soziale Abstieg in die Schuldknechtschaft oder Versklavung.
Sowohl die breite Armut als auch die tiefe Kluft zwischen politischer und militärischer Ordnung machten tiefgreifende Reformen nötig. Kern der Forderungen war die Beseitigung der adeligen Sonderstellung in Politik, Wirtschaft und Gesellschaft.

Der Adelsstaat als Herrschaftsform war nur von kurzer Dauer. Ihm folgte die **Timokratie.** In dieser Regierungsordnung bemaßen sich die Rechte der Bürger nach dem Vermögen. Aber auch die Timokratie war nur ein Durchgangsstadium auf dem Weg in die vielgerühmte griechische **Demokratie.** Die erste und zugleich unmittelbarste Demokratie der Weltgeschichte errichteten die Athener.

Die Herrschaft des Geldes oder die Herrschaft eines Einzelnen

In weiten Teilen Griechenlands drohte Bürgerkrieg. Die Stadtstaaten lösten den Konflikt auf unterschiedliche Weise. Aus Angst vor radikalen Umwälzungen einigten sich die streitenden Parteien vielerorts auf einen Schiedsrichter. Kraft besonderer Vollmachten sollte dieser die Strukturen von Staat und Gesellschaft in Einklang bringen. Kern der Reformen war die Anpassung der Herrschaftsordnung an die neue Heeresverfassung. Daraus erwuchs eine timokratische Staatsordnung. In ihr repräsentierten sich diejenigen, die auch in der Phalanx marschierten. Da das Prinzip der Selbstausrüstung nur wohlhabenden Bürgern die Pflicht des Kriegsdienstes auferlegte, wurde Besitz und Vermögen zum Maßstab für politische Mündigkeit. Damit berechtigte nicht mehr die adelige

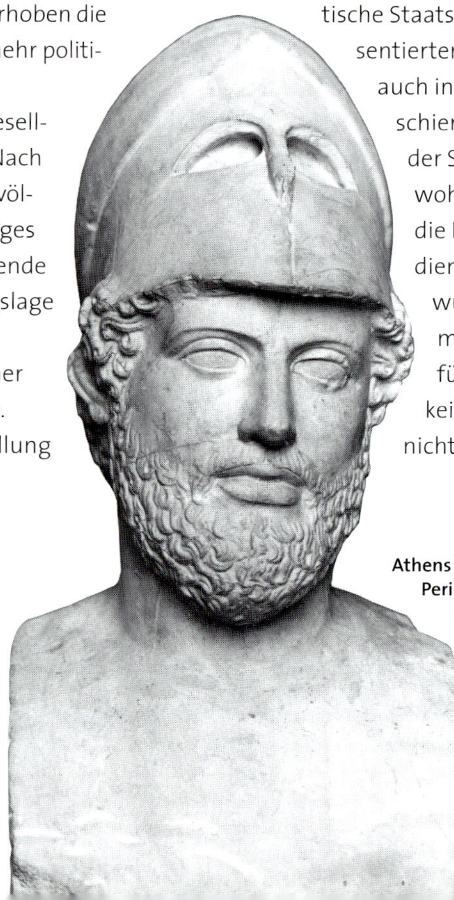

Athens berühmtester Staatsmann Perikles (495 – 429 v. Chr.) *verhalf den demokratischen Ideen zu ihrem endgültigen Sieg. Perikles trug meist einen Helm, um seine oft verspottete Kopfform, den „Zwiebelkopf", zu verdecken.*

Theorie und Praxis

Die Griechen begannen sehr früh mit der theoretischen Suche nach der besten Staatsform. Die Frage nach dem Wesen, der Aufgabe, dem Zweck und der Berechtigung des Staates beschäftigte immer wieder die politischen Philosophen, darunter auch ihre bedeutendsten Vertreter **Sokrates** (469-399 v. Chr.), **Platon** (427-347 v. Chr.) und **Aristoteles** (384-322 v. Chr).
Mit der Frage, ob ein Einzelner, einige oder alle regieren sollten, unterscheidet man seit dem griechischen Altertum drei Grundtypen von Verfassungen:
Monarchie, Oligarchie und Demokratie.

Monarchie: In der Monarchie regiert der König allein nach eigenem Willen.

Oligarchie: Wörtlich übersetzt die „Herrschaft weniger". Politische Vorrechte besaßen allein der Geburtsadel (Aristokratie) oder der Geldadel (Timokratie).

Demokratie: Die griechischen Wörter „demos" und „kratein" bedeuten zusammengesetzt so viel wie die „Herrschaft des Volkes". Hier tritt das Volk als der eigentliche Träger der Staatsgewalt hervor. Es herrscht völlig souverän.

Geburt, sondern der Besitz des Einzelnen zur Ausübung politischer Rechte und öffentlicher Ämter.
Andernorts nutzten manche Adelige die Krisensituation, um alle Macht im Staate an sich zu reißen. Als Alleinherrscher belegte man sie mit dem Namen **Tyrannen**. Die Herrschaftsform der Tyrannis blieb ein kurzzeitiges Phänomen von höchstens zwei bis drei Herrschergenerationen. Auch sie mündete schließlich in die Demokratie. „Tyrannis" besaß noch nicht den negativen Beigeschmack, den das Wort heute hat. Denn das stetige Buhlen um eine breite Anhängerschaft machte die Tyrannen nicht zu Unterdrückern, sondern zu großzügigen Förderern ihrer Städte.

Drakonische Strafen

Ein wichtiger Meilenstein für die Entwicklung der Demokratie waren die zahlreichen Rechtsaufzeichnungen im 7. und 6. Jhd. v. Chr.. Vor allem in den Handelsstädten erzwangen die unteren Schichten die verbindliche Niederschrift von Rechtssätzen. In Athen übernahm **Drakon** um 624 v. Chr. diese Aufgabe. Die Gesetze mit der sprichwörtlich „drakonischen" Härte ihrer Strafen waren ein erster Schritt zu größerer Rechtssicherheit und Rechtsgleichheit. Zur tatsächlichen Beseitigung der sozialen Missstände trugen sie nur wenig bei. Sie boten aber einen ersten Schutz vor der richterlichen Willkür des Adels, der das Gerichtswesen noch vollends beherrschte. Als aber der Siegeszug demokratischer Ideen das Rechtsleben erfasste, verlor der Adel auch hier seine Sonderstellung.

Durch ihre Maßnahmen legten die Tyrannen den Grundstein für den außerordentlichen Aufstieg der Stadt Korinth. Sie beflügelten den Handel, die Wissenschaft und die Kunst. Prächtige Bauten schmückten fortan die Stadt. Die Pflasterung eines Schiffsweges von 6 km für den Landtransport vom Saronischen Golf zum Golf von Korinth war nicht nur ein eindrucksvolles Unterfangen, sondern auch ein grundlegender Impuls für die Handelsschifffahrt.

Festung am **Golf von Korinth**

„Ich weiß, dass ich nichts weiß", verkündete **Sokrates** *und sah sich als der Weiseste unter den Menschen. Dies bestätigte auch das delphische Orakel, denn wenigstens wisse Sokrates um sein Nichtwissen.*

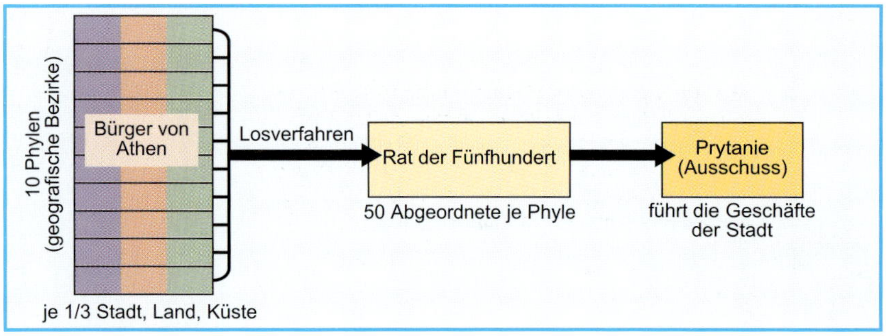

Die Verfassung des ***Kleisthenes***

Athen – Die Mutter der Demokratie

Solon: „Gesetze schrieb für Edle ich und Niedere."

Zur Befriedung sozialer und wirtschaftlicher Unruhen ernannten die Athener im Jahre 594 v. Chr. **Solon** als „Schiedsrichter" und „Versöhner". Auf den Grundlagen seiner Gesetzgebung entfaltete sich in den folgenden Jahrzehnten die **Demokratie**.

Solon verkündete: „Gesetze schrieb für Edle ich und Niedere." Mit einem allgemeinen Schuldennachlass und der Aufhebung der Leibeigenschaft beseitigte Solon zunächst den unmittelbaren sozialen Zündstoff. Es folgte eine Verfassungsreform zugunsten einer timokratischen Herrschaftsordnung. Wie jeder Bürger seinem Vermögen entsprechend zum Kriegsdienst herangezogen wurde, so wurden ihm nun auch politische Rechte zugeteilt. Politische Mitspracherechte für das nicht adelige Volk gab es also nur bei ausreichend hohem Einkommen, über das fast nur adelige Großgrundbesitzer verfügten. So verlor der Adel kaum an politischem Einfluss. In der Ratsversammlung des Areopags tagten die höchsten Beamten, ein exklusiver Kreis reicher Athener, die die oberste Kontrolle über alle öffentlichen Angelegenheiten der Polis besaßen.

Der entscheidende Schritt in Richtung Demokratie war aber getan, denn die gesamte freie Bürgerschaft entschied mittels Volksversammlung und Volksgericht über die wichtigen Fragen der Polis.

Die erhoffte politische Stabilisierung durch Solons Gesetzgebung blieb aus, denn einerseits fühlte sich der Adel entmachtet und leistete Widerstand, andererseits war bei den Bauern das Gefühl tiefer Unzufriedenheit geblieben, weil sie eine Neuverteilung des Grundbesitzes erwartet hatten. Nach heftigen Unruhen errichtete der Adelige Peisistratos vorübergehend eine Tyrannis. Ihr folgte im Jahre 508 v. Chr. das **Reformprogramm des Kleisthenes**.

Kleisthenes – Geburtshelfer der Demokratie

Das politische Klima hatte sich nach Solon so verändert, dass Kleisthenes eine weitere Entmachtung des Adels gegen dessen Widerstände durchsetzen konnte.

An die Stelle der ursprünglich vier Geschlechterphylen, in denen der Adel die Oberhand hatte, setzte Kleisthenes zehn geografische Bezirke. Jeder Bezirk entsandte per Losverfahren 50 Abgeordnete als seine Vertreter in den **Rat der Fünfhundert**, dem Kernstück der Kleisthenischen Reformen.

Eine Bürgervertretung hatte die Beschlüsse der Volksversammlung vorzuberaten. Durch einen regelmäßig wechselnden Ausschuss, die so genannte **Prytanie**, führte sie die laufenden Geschäfte der Stadt. Der regelmäßig tagenden Volksversammlung gehörte jeder Bürger an. Demokratie im Sinne einer Herrschaft des Volkes war damit noch nicht geschaffen, und an der solonischen Einteilung der Vermögensklassen wurde nicht gerührt. Der Zugang zu dem Führungsgremium der neun **Archonten** war weiterhin den Angehörigen der obersten Vermögensklassen vorbehalten.

Ingesamt jedoch hatten die Kleisthenischen Reformen die Stellung des Einzelnen in der Polis neu bestimmt, denn jeder freie Bürger wurde unmittelbar in die Politik eingebunden, und sie führten die Bürger in ihrer Gesamtheit an die Politik heran. Im „Rat der Fünfhundert" spiegelte sich als erster Institution der Geschichte die Bevölkerung eines Staates proportional wider, so dass er wirkliche Kompetenz besaß, den Willen der Gesamtheit zu repräsentieren.

Die Jahre der Tyrannis bedeuteten für Athen eine Zeit des wirtschaftlichen Aufschwungs. Die weit über den Mittelmeerraum verstreuten Funde attischer Münzen mit dem Bild der Stadtgöttin ***Athena*** *dokumentieren den steilen Aufstieg des Seehandels.*

Das **Scherbengericht** *tagte zum Schutze der Demokratie. Missliebige Bürger oder solche, die man verdächtigte, nach der Alleinherrschaft zu streben, konnten durch die Volksversammlung für zehn Jahre in die Verbannung geschickt werden. Die Abstimmung erfolgte per Tonscherben. Hier wurden die entsprechenden Namen eingeritzt.*

Vollendung der Demokratie

Die radikale und unmittelbare Demokratie Athens kam spät und im Schatten von Krieg und Expansion. Den entscheidenden Ausschlag gab wieder das Kriegswesen, namentlich der Seekrieg gegen die Perser im 5. Jahrhundert v. Chr. Ohne eigenes Rüstzeug hatten die untersten Bevölkerungsschichten im Landheer nur Hilfsdienste geleistet. Doch mit dem Ausbau der Flotte gegen die persische Seemacht bemannte Athen seine Schiffe mit mehr als 20 000 Ruderern aus der untersten Einkommensklasse. Ein Seekrieg war ohne deren Einsatz undenkbar. Wieder knüpfte sich an die militärische Aufwertung der Wunsch nach aktiver politischer Mitsprache.
Der Regierungsspitze, dem **Archontat**, wurden die politischen Führungsaufgaben entzogen. Auch die Ratsversammlung der ehemaligen Archonten, der Areopag, verlor im Jahre 462/ 61 v. Chr. die letzten Kontrollrechte an den „Rat der Fünfhundert" und die Volksversammlung. Das attische Volk war in seiner Gesamtheit endgültig an die Stelle der bisherigen Führungsschicht getreten und beherrschte vollends den Gang des öffentlichen Lebens. Es tagte regelmäßig und entschied nach eigenem Wunsch über alle militärischen und politischen Belange.

Die radikale Demokratie

Die erste Demokratie der Weltgeschichte war ihrem Wesen nach radikal und direkt. Verglichen mit den heutigen Demokratien fehlten ihr zwei wesentliche Säulen, nämlich das Repräsentativsystem und die Wahrnehmung wesentlicher Regierungsfunktionen durch öffentliche Einrichtungen. In Athen stützte sie sich auf den Grundsatz der Unmittelbarkeit und forderte, dass jeder Bürger sich selbst vertrete und keine Gewalt delegiere.
Mit Argusaugen wachten die Athener fortan über den Erhalt ihrer neuen Regierungsform. Alle Macht sollte sich allein auf die Massenversammlung des Volkes konzentrieren. Daher wurde die Zahl der Beamten stark vermehrt. Der zusätzliche Gebrauch des Loses unterstellte die Ausübung der Regierungsgeschäfte weithin dem Zufall. Das strenge Prinzip der Ämterrotation, das grundsätzlich nur eine einmalige Amtszeit bzw. zweimalige Ratsmitgliedschaft erlaubte, verhinderte eine allzu große Machtansammlung durch Einzelne. Gleichzeitig garantierte der turnusmäßige Wechsel im Amt der Bürgergemeinschaft eine hohe Beteiligung an den tatsächlichen Regierungsgeschäften, erforderte aber auch ein großes Maß an persönlichem politischem Engagement. Diätenzahlungen (Tagesgelder) als finanzieller Ausgleich für die Ausübung staatlicher Funktionen stellten schließlich auch den Ärmeren den Zutritt zum politischen Leben frei.

Athena war die jungfäuliche Stadtgöttin der gleichnamigen Polis. Den Griechen galt Athena als die Lieblingstochter des Zeus. Bei einem Streit mit dem Meeresgott Poseidon soll der Göttervater demjenigen den Besitz Attikas zugesprochen haben, der seinen Bewohnern das wertvollste Geschenk bieten würde. Athena schenkte den Ölbaum und siegte. Das Öl und sein Export bescherte Athen besonderen Reichtum. Anders als die gewöhnlichen Stadtstaaten erstreckte sich die Stadt Athen mitsamt dem Staatsgebiet Attika über mehr als 2600 qkm. Damit entsprach es der Größe des heutigen Luxemburg und sprengte den räumlich begrenzten Rahmen einer typischen Polis.

Sparta und Athen

Demokratie – Immer wieder gefährdete Staatsform

Die Möglichkeit der „Herrschaft des Volkes" in einer demokratischen Regierung wurde zuerst mit Misstrauen betrachtet. Sie setzte sich in der Welt der Ägäis nicht etwa deshalb durch, weil sie in den Städten außerhalb Athens für besonders erstrebenswert gehalten worden wäre. Vielmehr betrieb das mächtige Athen die Durchsetzung der Demokratie in Griechenland als Mittel zur Aufrechterhaltung der eigenen Vorherrschaft. Es unterstützte deshalb die schwachen Volksbewegungen kleinerer Poleis. So sicherte sich Athen seine Gefolgschaft in Hellas.
Zudem verlor auch die athenische Demokratie bereits nach dem Tod des Perikles Teile ihres ursprünglichen Wesens. Immer mehr wurden diejenigen einflussreich und mächtig, die durch ihre Reden die Zustimmung der Massen für sich gewinnen konnten und so zu Volksführern aufstiegen. Diese so genannten Demagogen stellten nicht das Wohl des Staates in den Vordergrund, sondern häufig ihre eigenen Interessen.
Bis weit über das Mittelalter hinaus galt die Demokratie als eine nachteilige Herrschaftsform, weil sie instabil sei. Erst mit den Revolutionen in Amerika und Frankreich im 18. Jhd. setzten sich die demokratischen Ideen erneut durch und gelten heute als die gerechteste und freieste Regierungsform, die denkbar ist.

Sparta

Anders als das übrige Griechenland betrieb **Sparta** schon sehr früh eine expansive Machtpolitik. Nach der Eroberung Messeniens im 8./ 7. Jahrhundert v. Chr. vereinigte es die angrenzenden Staaten des **Peloponnes** (Südgriechenland) zu einem Bündnissystem. Durch die Führung im **Peloponnesischen Bund** stieg Sparta zur stärksten Militärmacht in Griechenland auf. Doch geschwächt von den Auseinandersetzungen mit der aufstrebenden Handelsmacht Athen verlor Sparta im Jahre 371 v. Chr. seine Vorherrschaft endgültig an Theben. In hellenistischer Zeit spielte es nur noch eine klägliche Rolle und ist heute eine beschauliche Kleinstadt.

Die Verfassung Spartas

Wie in Athen war die Verfassung Spartas außen- und militärpolitischen Zwängen gefolgt. Am Ende einer jahrhundertelangen Entwicklung verschmolzen unter dem Mantel eines straff organisierten Militärstaates die drei Grundtypen einer Verfassung, die Demokratie, die Aristokratie und die Monarchie. Sparta fiel unter den Griechen nicht nur wegen seiner Mischverfassung, sondern auch wegen seines eigentümlichen Lebensstils auf. Die so genannten **Spartiaten** herrschten als dünne Erobererschicht über die versklavte Vorbevölkerung. Die Problematik einer gewaltsamen Unterdrückung der zahlenmäßig weitaus überlegenen Ureinwohner nährte unter den Spartiaten die berechtigte Angst vor Aufruhr. Vorbeugende Sicherungsmaßnahmen veränderten schließlich radikal das Bild der spartanischen Gesellschaft. Frühe Dichtung und bildende Kunst verkümmerten, da sich alle Bereiche des öffentlichen Lebens auf den Erhalt der eigenen Wehrkraft konzentrierten. Die Spartiaten stellten ihr Leben in den Dienst der Heeresmacht. Mit sieben Jahren verließen sie das Elternhaus und reiften unter der Aufsicht des Staates heran. Im Alter von zwanzig traten sie in die Gemeinschaft der Krieger ein, um von nun an ein miltärisches Lagerleben zu führen. Das Familienleben selbst spielte keine Rolle. Die Ehe diente allein der Produktion von Nachwuchs.

Die Ruinen der alten Hauptstadt des griechischen Staates Sparta, die von den Goten 396 n. Chr. zerstört wurde. Bei Ausgrabungen wurden öffentliche Gebäude und Tempel gefunden.

Diese Skulptur steht zur Erinnerung am Kampfplatz der Schlacht bei **Marathon**.

Die Klassik – Kulturelle Hochblüte Athens

Der griechische Freiheitskampf

Die klassische Zeit Griechenlands beginnt mit der Abwehr der Angriffe durch die Perser, dem letzten altorientalischen Großreich. Sie endet mit dem Vormarsch des nordgriechischen Makedoniens. Der Begriff „Klassik" ist der Kunstgeschichte entnommen. Er signalisiert als Epochenbegriff die kulturelle Hochblüte Athens. Es ist die Zeit des Theaters, der Geschichtsschreibung, der Philosophie und der Rhetorik. Über seine Hochblüte hinaus blieb die bildende Kunst ein Vorbild für die Nachwelt.

Griechenland im Rampenlicht der Weltpolitik

Mit Hilfe Athens wollten sich kleinere griechische Städte an der Westküste Kleinasiens vom Perserreich befreien. Dies missglückte. Der Perserkönig Dareios I. unternahm daraufhin einen Krieg gegen das griechische Mutterland, nachdem die freiwillige Unterwerfung, die ein Gesandter von Dareios I. gefordert hatte, von den griechischen Stadtstaaten abgelehnt wurde. Es kam zu langandauernden Kriegshandlungen. Unter großen Verlusten errangen die Griechen in den Jahren von 492 – 478 v. Chr. vorläufige Siege, so dass die Perser ihre Eroberungsabsichten aufgaben. Sie wurden nun ihrerseits von den Griechen angegriffen. Erst die Jahre 449/448 v. Chr. führten zu einem Friedensschluss zwischen Griechen und Persern und setzten dem Krieg ein Ende. Der Konflikt mit dem persischen Nachbarn bestimmte aber bis ins nächste Jahrhundert hinein noch den Verlauf der griechischen Geschichte.

Das **Perserreich** *und die Perserkriege*

Athen im Sog der Weltpolitik

Die athenischen Truppen hatte im Jahr 490 v. Chr. nahezu im Alleingang den Sieg gegen die Perser bei Marathon erfochten. In den Folgejahren beschlossen die Athener unter Themistokles den Ausbau der größten Kriegsflotte, die es in Hellas jemals gab. Zusammen mit ihren Verbündeten vernichteten sie in der **Seeschlacht bei Salamis** im Jahre 480 v. Chr. die Flotte der Perser. Dieser Einsatz im griechischen Freiheitskamp verschaffte den Athenern ein immenses Ansehen. Dem Versuch Athens, in Griechenland zum Wortführer zu werden, setzte sich nur Sparta entgegen, jedoch vergeblich.

Antiker Marathon: Die Sage erzählt von einem Läufer, der unmittelbar nach dem Sieg über die Perser bei der Stadt Marathon im Jahre 490 v. Chr. die Siegesbotschaft so schnell wie möglich den Athenern überbringen sollte. Nach ununterbrochenem Lauf erreichte der Läufer schließlich Athen. Er konnte noch die Worte „Wir haben gesiegt" hervorstoßen. Dann brach er tot zusammen. Die heutigen Marathonläufe der Leichtathletik erinnern an diese Sage: Die Strecke betrug damals wie heute genau 42,195 km – die Entfernung von Marathon nach Athen.

Perikles förderte vor allem die Bauten auf der **Akropolis**. *Für Athene, die Stadtgöttin, ließ er einen prächtigen Tempel errichten, 72 m lang und 34 m breit. Das Bild zeigt die Akropolis heute.*

Kampf um die Vormacht

Athens Griff nach der Hegemonie

Nach der siegreichen Seeschlacht von Salamis verwertete Athen die positive Grundstimmung zur Festigung seiner eigenen Machtposition. In dem neuen Bündnissystem von 478/77 v. Chr. übernahm Athen die Führung. Sparta hingegen hielt sich fern. Eigentlich hatte die gemeinsame Frontstellung Athens und Spartas gegen die Perser den entscheidenden Impuls zur Gründung des **Attischen Seebundes** gegeben. Doch auch Eigeninteressen waren ein fester Bestandteil der athenischen Seebundspolitik. Innerhalb weniger Jahre wandelte sich der Charakter des Bundes. Aus der ursprünglichen Wehrgemeinschaft wurde ein reines Herrschaftsmittel. Athen missbrauchte den Seebund zur Durchsetzung eigener Machtambitionen, die auf das Ende der spartanischen Vormachtstellung spekulierten. Die feindliche Haltung Spartas gegenüber dem außenpolitischen Kurs des attischen Rivalen bedrückte hinfort das innergriechische Klima. Die Aufkündigung des Bündnisses mit Sparta im Jahre 461 v. Chr. besiegelte den endgültigen Bruch der Beziehungen. Der unmittelbare Zusammenstoß beider Großmächte ließ noch auf sich warten. Der geheime Kampf um die Vorherrschaft in Hellas eskalierte erst in den blutigen Kämpfen des Peloponnesischen Krieges (431-404 v. Chr.). Die verbleibenden Jahre waren von einer geradezu fieberhaften außenpolitischen Aktivität Athens geprägt. Die weit gespannten militärischen Unternehmungen reichten von neuen Offensiven gegen Persien bis zur westgriechischen Staatenwelt in Unteritalien.

Die Festung Athen

Die ständige Aufrüstung zu Kriegen gegen die Perser und die Spartaner führte dazu, dass die Athener Bevölkerung selbst bedroht und in steter Alarmbereitschaft war. Sie stimmte deshalb sehr früh vorbeugenden Verteidigungsmaßnahmen zu. Der Bau der Langen Mauer um die Jahrhundertmitte verwandelte die Stadt in eine uneinnehmbare Festung. Im Fall einer Belagerung sicherte die Anlage den freien Zugang zu den Häfen Piräus und Phaleron. Gleichzeitig konnte sich die gesamte Bevölkerung Attikas im Schutz der Mauern verbarrikadieren. Dort fand sie schließlich auch während des Peloponnesischen Krieges Unterschlupf.

Die Monarchie des Ersten Mannes

Von 443 bis 429 v. Chr. beherrschte **Perikles** das politische Leben Athens. Er führte die Massen des Volkes nach Art eines Demagogen. „Athen ist dem Namen nach eine Demokratie, in Wirklichkeit aber die Monarchie des Ersten Mannes", schreibt der Geschichtsschreiber Thukydides über Perikles.
Unter Perikles' Führung wurden Kultur-, Innen- und Außenpolitik vereinheitlicht. Lange Zeit galt diesem Mann die Bewunderung der Nachwelt, denn unter ihm strahlte die außenpolitische Machtfülle Athens. Handel und Gewerbe erreichten die höchste Blüte. Kunst und Literatur nahmen einen ungeahnten Aufschwung. Ein immenses Bauprogramm belebte die Wirtschaft.
Da sich Sparta dem Ausbau eines gesamtgriechischen Bundesstaats widersetzte, führte Perikles einen Krieg gegen Sparta. Zwei Jahre nach Ausbruch des Krieges starb er an der Pest.

Perikles finanzierte den aufwändigen Ausbau der Akropolis aus dem Bundesschatz des Attischen Seebundes. Repräsentative Bauten wie das **Parthenon**, die **Propyläen**, der kleine **Nike-Tempel** und das **Erechtheion** dienten nicht nur religiösen oder künstlerischen Zielen, sondern auch der Herrschaftsrepräsentation. In neuem Glanze sollte das Zentrum des Attischen Reiches erstrahlen und laut Perikles den Angehörigen des Seebundes demonstrieren, „dass sie von keinem Unwürdigem beherrscht" würden.

Der **Attische Seebund**

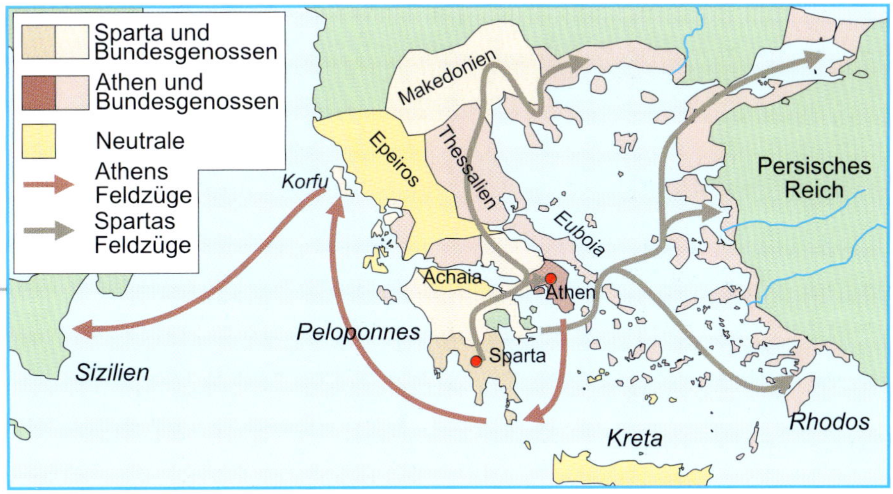

Das Attische Seereich

Bis zu den Perserkriegen hatten die Athener kaum über den Rand ihrer eigenen Grenzen geblickt. Mit der Eroberung der See und der Vertreibung der Perser waren sie zur Großmacht aufgestiegen. Als solche gebärdeten sie sich auch. Nach dem Friedensschluss mit Persien gündeten sie durch eine radikale Umgestaltung des Seebundes im Jahre 448 v. Chr. das **Attische Seereich**. Die Volksversammlung in Athen war von nun an alleinige Entscheidungsinstanz in allen Bundesangelegenheiten. Mit einem Verzicht auf den Bundesbeitrag in Form von Schiffen zugunsten einer reinen Geldzahlung demonstrierte Athen offen seine Herrschaft über die einstigen Bundesgenossen, die in die bloße Stellung tributpflichtiger Untertanen abgerutscht waren. Als Führungsmacht verlegte es nicht nur die Bundeskasse nach Athen, sondern verfügte auch eigenmächtig über das stetig wachsende Vermögen. Besatzungstruppen, die Durchsetzung demokratischer Herrschaftsformen im Bundesgebiet oder die strenge Bestrafung aufsässiger Mitglieder waren geeignete Mittel zur Stabilisierung der Herrschaft. Rücksichtslos verstieß die attische Machtpolitik gegen das Freiheitsideal der griechischen Polis.
Tiefer Groll gegen das selbstherrliche Athen erfasste bald weite Teile der griechischen Staatenwelt und ermöglichte es Sparta, unter der Parole „Freiheit für Griechenland“ gegen den lästigen Rivalen ins Feld zu ziehen. Im anschließenden **Peloponnesischen Krieg** ging es Sparta lediglich um Sicherung und Ausbau der eigenen Hegemonie. Spartas propagandistische Forderung nach Freiheit für die Stadtstaaten entpuppte sich schnell als leere Worthülse. Trotzdem überlebte das attische Seereich den Peloponnesischen Krieg nicht. Die Perser wiederum nutzten die Gunst der Stunde und unterwarfen erneut die Griechenstädte an der kleinasiatischen Westküste.

Ein antiker Weltkrieg

Unabwendbar waren die rivalisierenden Großmächte auf den **Peloponnesischen Krieg** (431 – 404 v. Chr.) zugesteuert. Unter der Führung von Sparta und Athen waren die zwei großen Machtblöcke des Peloponnesischen und Attischen Bundes in das Kräftemessen um Macht und Prestige eingetreten. Die Kriegshandlungen erfassten große Teile der antiken Mittelmeerwelt, und die verwüstende Kraft machte alle, auch die Sieger, zu reinen Verlierern. Die zermürbenden Auseinandersetzungen der ersten Kriegshälfte mündeten in eine allgemeine Kriegsmüdigkeit und den Frieden von 421 v. Chr. Doch ohne bereinigende Wirkung und den festen Willen aller Beteiligten stand dieser Friede auf wackeligen Beinen. Argwöhnisch betrachteten sich die Gegner und rüsteten. Höhe- und Wendepunkt des athenischen Expansionsdranges wurde das militärische Engagement in Sizilien. Die misslungene Unterwerfung der Insel leitete den machtpolitischen und militärischen Niedergang ein. Die Loslösung der Bündner war nicht mehr aufzuhalten. Mittlerweile paktierte auch Sparta mit Persien, und Athen musste kapitulieren. All seiner Außenbesitzungen beraubt, verlor es mit Auslieferung der Flotte an den spartanischen Militärstaat die Grundlage seiner einstigen Macht.
Die folgenden Jahrzehnte waren geprägt von zeitweiligen und letztlich fruchtlosen Versuchen neuer Machtbildungen in Hellas. Ohne bleibenden Erfolg stemmte sich Athen gegen den eigenen machtpolitischen Niedergang. Das peloponnesische Sparta gebärdete sich als Herr in Griechenland. Doch auch seine Macht war erschüttert, ebenso wie die des Perserkönigs, der vorübergehend in das neue Machtvakuum vorgestoßen war. Die Schwäche der griechischen Welt enthüllte sich mit dem unaufhaltsamen Vorstoß des nordgriechischen **Makedoniens**.
Das ständige Ringen um die Vorherrschaft im Mutterland des 5. und 4. Jahrhunderts endete mit dem Sieg dieser halbgriechischen Macht.

Hellenismus – Ein Weltreich entsteht

Griechenland im Schatten Makedoniens

Als **Hellenismus** wird die Kultur des griechischen Weltreiches und seiner Nachfolgestaaten im Zeitraum von ca. 350 – 30 v. Chr. bezeichnet, bis sie im Römischen Reich aufging. Das besondere Kennzeichen dieser Zeit war die Verschmelzung von Abendland und Morgenland zu einem Kulturbereich. Auf die Öffnung zum Osten hin folgte die Ausbreitung der griechischen Zivilisation im Orient. Bisherige Randzonen wie Makedonien, Asien und Ägypten rückten in den Vordergrund. Dagegen sanken die Poleis des Mutterlandes in ein politisches Schattendasein ab.

Der orientalische Einfluss wiederum zeigte Rückwirkungen auf die griechische Kultur. Neue Organisationsformen bestimmten nun das politische Leben. Die **Monarchie** war bevorzugte Herrschaftsform. Sie stützte sich auf ein starkes Heer und einen vielgliedrigen Beamtenapparat. Nach dem Zerfall des Alexanderreichs (vgl. Seite 24) traten neben die demokratischen Stadtstaaten dynamische Großreiche, die von Makedonen oder Griechen regiert wurden.

In der Zeit des Hellenismus erzielte Griechenland eine enorme kulturelle und ökonomische Expansion. Politisch unterlag es später dem Römischen Weltreich, in dem es sich aber kulturell durchsetzte und auf diese Weise auch die Nachfolgestaaten im westlichen und östlichen Europa beeinflusste, so dass das Vermächtnis der hellenistischen Welt bis heute die Grundlagen unserer modernen Existenz bildet.

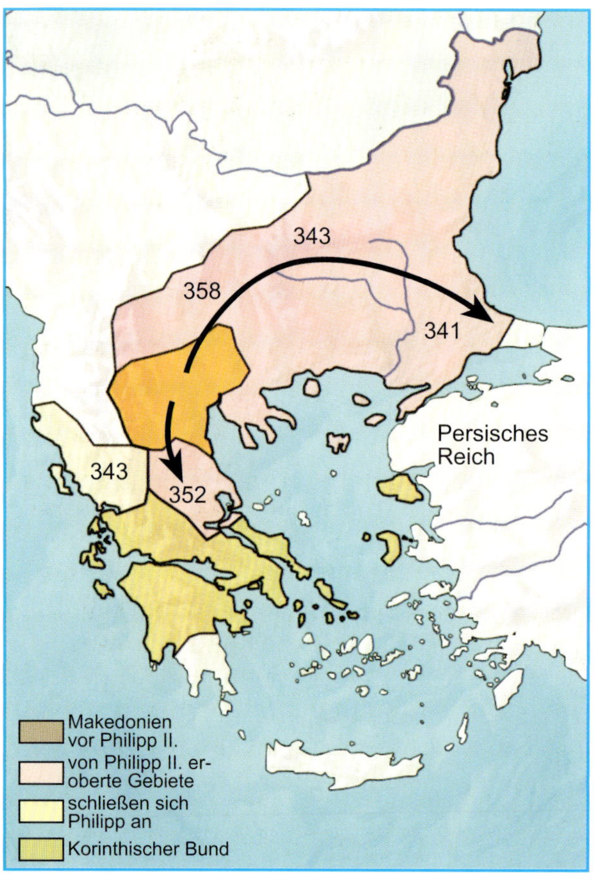

Makedonien *unter Philipp II.*

Makedonien unter Philipp II.

Bis zum Beginn der Regierungszeit des Königs **Philipp II.** (359 – 336 v. Chr.) war das stadtlose **Makedonien** unbedeutend. Philipp II. reformierte das rückständige Staatswesen, baute es zu einem Territorialstaat mit monarchischer Spitze aus und legte durch eine umfassende Heeresreform den Grundstein für den steilen Aufstieg zur Großmacht durch Eroberungskriege.

Es fiel Philipp II. leicht, in die griechische Welt nach Süden vorzustoßen, denn in den Jahrzehnten nach dem Peloponnesischen Krieg hatten sich die Kräfte der griechischen Welt in vielen Einzelkonflikten erschöpft, und die einstigen Führungsmächte Sparta und Athen waren machtlos. Das Gold aus eroberten Gebieten Thrakiens verschaffte Philipp II. neue Reichtümer, die seinen militärischen und diplomatischen Feldzug in Hellas finanzierten. Die Niederlage Athens und seiner Verbündeten im Jahr 338 v. Chr. in der **Schlacht von Chaironeia** öffnete dem Makedonen endgültig das Tor nach Mittelgriechenland. Die griechischen Stadtstaaten verloren ihre Freiheit und Unabhängigkeit, ohne völlig unterworfen zu werden. Phillipp II. zwang die Einzelstaaten auf der Nationalversammlung von Korinth zu einem Bündnis, dem **Hellenischen Bund**, d.h. außer Sparta verpflichteten

Der sagenhafte griechische Held **Herakles** (römisch: Herkules) galt als Sohn des Zeus und der sterblichen Alkmene. Aus Eifersucht schickte Hera, die Gattin des Zeus, dem Knaben zwei Tod bringende Schlangen, die er jedoch mit den bloßen Händen erwürgte. Als Erwachsener stellte er sich verschiedenen scheinbar unlösbaren Prüfungen. Mensch und Gott gleichzeitig, wurde der „Halbgott" Herakles immer wieder von Philosophen, Athleten und Herrschern als Vorbild herangezogen.

sich alle Hellenen – so nannten sich die Griechen selbst – zur Gründung einer griechischen Bundesgemeinschaft unter makedonischem Vorsitz. So war die Einigung Griechenlands das Werk einer fremden halbbarbarischen Macht. Philipp II. plante einen panhellenischen Feldzug gegen die Perser. Im Jahre 336 v. Chr. fiel er jedoch einem Attentat zum Opfer.

Hellenen und Barbaren

Bis ins 4. Jahrhundert v. Chr. grenzten sich die Griechen bewusst von den Bewohnern Makedoniens ab und bezeichneten sie spöttisch als „Barbaren". Das makedonische Königshaus der Argeaden bemühte sich jedoch lange Zeit um die Anbindung an die Hellenische Welt durch ihre Selbstdarstellung als Nachkommen des Herakles, wodurch ihre hellenische Herkunft in den Augen der übrigen griechischen Welt bewiesen war. Die Aufnahme der makedonischen Königsdynastie zu den Olympischen Spielen im 5. Jahrhundert v. Chr. bestätigte diesen sagenumwobenen Stammbaum. In der hellenistischen Zeit war die gemeinsame Kultur dann das einigende Band der Hellenen.
Mit der römischen Weltherrschaft wurde dieses Gefühl der kulturellen Zusammengehörigkeit übernommen. Nun war die Außenwelt des Römischen Reiches der Lebensraum der „Barbaren".

Vom Ende der Welt

Um die Völker am Rande der bewohnten Welt rankten lange Zeit phantastische Geschichten. Homer vermutete dort zum Beispiel menschenfressende Kyklopen, kriegerische Amazonen oder auch paradiesische Gegenden. Die Konfrontation mit den Persern erhellte das Wissen von den fremden Ländern. Das Interesse für Länderkunde war geweckt. Um 500 v. Chr. teilte **Hekataios von Milet** den Erdkreis in die zwei Hälften eines nördlichen Europa und eines südlichen Asien. Die Welt sah er als Scheibe und die Erde von Wasser umgeben. Doch neue Erkenntnisse stellten auch dieses Weltbild in Frage. Die Griechen hatten schon lange genügend Gründe gefunden, die sie von der Kugelgestalt der Erde überzeugten. Nachdem ein Tross von Wissenschaftlern und Gelehrten Alexander den Großen auf seinen grenzenlosen Kriegszügen bis ans Ende der Welt begleitet hatte, konnte der alexandrinische Gelehrte **Eratosthenes** aus den Feldzugsberichten und Reisebeschreibungen eine neue Weltkarte erarbeiten. Eratosthenes bewies die theoretische Möglichkeit einer Erdumsegelung. Jahrhunderte später noch beruhten das Wagnis des Kolumbus und die Entdeckung Amerikas auf den antiken Forschungsergebnissen. Und so waren es letztlich die alten Griechen, die die theoretischen Grundlagen zu jener Reise in die Neue Welt gelegt hatten.

Der Raub Europas

Die schöne **Europe** ist Namensgeberin des europäischen Kontinents.
Der Sage nach soll sich Göttervater Zeus in die phönikische Prinzessin Europe verliebt haben. Um sich ihr zu nähern, verwandelte er sich in einen prächtigen weißen Stier. Als sich Europe auf den Rücken des Stieres setzte, sprang dieser auf und floh mit ihr nach Kreta, wo Zeus sich zurückverwandelte und mit Europe Hochzeit feierte. Der kretische König Minos galt als ein Kind aus dieser Verbindung.

Der Gordische Knoten: Die Sage erzählt, dass sich in Gordion, der Hauptstadt des legendären Reiches von König Midas, ein Seil befand, das zu einem unentwirrbaren Knoten geschlungen war. Eine Prophezeiung verhieß, wer diesen Knoten auflösen könne, würde die Herrschaft über Asien gewinnen. Viele versuchten es vergeblich, bis **Alexander der Große** kam. Er zerhieb den Knoten mit einem einzigen Schwerthieb. Tatsächlich eroberte er in zahlreichen Feldzügen weite Teile der damals bekannten asiatischen Welt.

Alexander der Große (336 – 323 v. Chr.)

Der Traum von der Weltherrschaft

Nach der Ermordung Philipps II. bestieg sein Sohn Alexander, den man später „den Großen" nannte, bereits mit zwanzig Jahren den Thron. Mit einem blitzschnellen Feldzug durch den makedonischen Einfluss- und Herrschaftsbereich sicherte er sich zunächst das väterliche Erbe im Norden und in Griechenland. Danach rüstete der junge König gegen Persien.

Im zweiten Jahr seiner Regierung setzte Alexander mit etwa 35 000 Mann nach Asien über. In jahrelangen Kriegszügen voller Strapazen eroberte er das riesige Perserreich. Der persische Großkönig **Dareios III.** wurde bei Gaugamela vernichtend geschlagen. Bereits im Jahr 330 v. Chr. konnte Alexander die griechischen Truppenkontingente wieder in die Heimat entlassen.

Alexander jedoch verstand sich nun auch als Erbe und Nachfolger des Persischen Reiches und setzte als „Pharao in Ägypten" und „König von Asien" von Babylon und Susa aus seine Feldzüge fort. Mit dem Ziel, bis ans östliche Ende der bewohnten Welt vorzustoßen, rückte er mit seinen Truppen im Jahre 327 v. Chr. bis in das Innere Indiens vor. Dort verweigerten seine Soldaten, erschöpft von den kräftezehrenden Feldzügen der letzten Jahre, den Weitermarsch, und Alexander trat mit ihnen den Rückzug an. Zurück in Babylon, stellte er die Regierung seines Riesenreiches unter den Leitgedanken, die neuen Reichsteile friedlich in einen einheitlichen Herrschaftsverband einzugliedern.

Er respektierte jeweils die einheimischen Strukturen und Traditionen und behandelte Makedonen, Griechen und Perser als gleichberechtigte Untertanen.

Die Planung eines Arabienfeldzugs lässt vermuten, dass Alexander auch die westliche Mittelmeerwelt langfristig in sein Reich eingliedern wollte.

Mitten in den Vorbereitungen verstarb er mit 33 Jahren an einer Lungenentzündung oder einem Sumpffieber. Das von ihm gegründete Weltreich zerfiel in kurzer Zeit endgültig.

Da Alexander keine eigenen Nachkommen hatte, lieferten sich fünf Jahrzehnte hintereinander die ehemaligen Generäle, ihre Söhne und Nachfolger

Einzug Alexanders des Großen, König von Makedonien (336-323 v. Chr.) in ***Babylon*** *331 v.Chr. Gemälde, 1665, von Charles Le Brun.*

erbitterte und mörderische Kämpfe um das Vermächtnis Alexanders. Dieser Konflikt führte dazu, dass das ehemals einheitliche Alexanderreich sich in ein Gefüge von Sonderreichen umwandelte. Es entstanden drei Nachfolgereiche, die nach den neuen Königsgeschlechtern benannt wurden.

Alexandria, Tor zur Mittelmeerwelt

Im Hellenismus verlor Athen endgültig seinen Rang als Kulturhauptstadt. In den Nachfolgereichen Alexanders wurden neue Städte gegründet. Eine der wichtigsten Neugründungen war die Hafenstadt Alexandria in Ägypten. Sie war noch zu Lebzeiten Alexanders entstanden und ragte bis in die römische Zeit als Hochburg griechischer Kultur und Wissenschaft empor. Hier verschmolzen griechisches und orientalisches Denken. Heute sind nur noch wenige Überreste der einst so prächtigen und reichen Stadt erhalten.

Der Aufstieg zur Weltkultur

Alexander hatte der griechischen Kultur das Tor nach Osten geöffnet. Durch ihn und nach ihm strömten griechische Söldner und Siedler, Beamte und Kaufleute in den Raum des alten Orients. Sie trugen die griechische Kultur bis in das Landesinnere Ägyptens, Mesopotamiens und Syriens. Etwa 300 neu gegründete Städte übernahmen die Formen griechischer Lebensweise. So verschmolz erst im Zeitalter des Hellenismus das Mittelmeer mitsamt seinen Randgebieten zu einem einheitlich griechisch geprägten Kulturraum. Die Kolonisation in archaischer Zeit hatte sich nämlich auf die küstennahen Gebiete beschränkt, wodurch der Verbreitung hellenischer Zivilisationsformen enge Grenzen gesetzt waren. In den Nachfolgestaaten des Alexanderreichs war die Kultur der herrschenden und mittleren Schichten griechisch. Gleichzeitig verteidigten sich aber die beiden großen Volkssprachen des Ostens erfolgreich gegen eine kulturelle Durchdringung. Insgesamt jedoch ist Alexanders Lebenstraum, die weitgehende Symbiose zwischen Ost und West, doch noch Wirklichkeit geworden. Durch ihre Einbindung in das Imperium Romanum erklomm die hellenistische Kultur die letzte Stufe zur Weltkultur.

Die Alexanderschlacht: *erhalten als Mosaik aus der alten römischen Stadt Pompeji. Es verbindet die Vorgänge der Schlachten bei Issos (333 v. Chr.) und bei Gaugamela (331 v. Chr.). Links Alexander der Große, rechts im Streitwagen der Perserkönig Dareios.*

Die Nachfolger Alexanders

Diadochenreiche

Das Weltreich, das Alexander der Große hinterlassen hatte, reichte von der Adria bis zum Pandschab, von Tadschikistan bis Libyen. Bereits zu seinen Lebzeiten hatte der König mit zahlreichen Widerständen zu kämpfen, die verhinderten, dass sein Reich zu einer festen Einheit zusammengefügt werden konnte.
Nach jahrzehntelangen Machtkämpfen um die Reichsherrschaft war abzusehen, dass keine Konfliktpartei mächtig genug war, die Nachfolge des Gesamtreichs zu übernehmen. So strebten Alexanders Nachfolger immer mehr nach der Kontrolle möglichst großer und unabhängiger Teilreiche, und aus dem riesigen Komplex des Alexanderreichs schälten sich drei große Nachfolgestaaten heraus.
Diese Großreiche nannten sich nach den jeweiligen Königshäusern: das **Ptolemäerreich** in Ägypten (323 – 30 v. Chr.), das **Seleukidenreich** in Syrien und Mesopotamien (321 – 63 v. Chr.) und das **Antigonidenreich** in Makedonien (277 – 168 v. Chr.).
Griechenland selbst blieb in kleine selbstständige Stadtstaaten zerschlagen. Wegen ihres begrenzten Kräftepotentials spielten sie neben den monarchischen Großreichen keine tragende Rolle. Manche kleinere Regierungseinheiten bildeten Bundesstaaten, in denen gemeinsame Zentralorgane über die politische Zersplitterung hinweghelfen und eine einheitliche Vertretung nach außen sichern sollten.
Ptolemäer und Seleukiden regierten ihre Territorien als absolute Herrscher.
Sie stützten sich auf einen effektiven Beamtenapparat und Söldnerarmeen.

Das riesige Seleukidenreich, das vom Mittelmeer bis nach Indien reichte, kämpfte von Anfang an mit den Problemen seiner enormen Ausdehnung und ethnischen Vielfalt. Wirkliche Stabilität erlangte es niemals. Ägypten hingegen beeindruckte trotz seiner geringeren Fläche durch eine außerordentliche Finanz- und Wirtschaftskraft. Verglichen mit diesen zwei Supermächten blieb der geographische und politische Einfluss Makedoniens begrenzt.
Es war eine vielgestaltige Staatenwelt entstanden, die für ein dreiviertel Jahrhundert ihr Gesicht nicht wesentlich veränderte.

Diadochenreiche: *Die Herrschaftsbereiche der Nachfolger Alexanders*

Die hellenistischen Monarchen förderten die göttliche Verehrung Alexanders, um ihre eigene Herrschaft zu legitimieren. Mit Ammonshörnern oder dem Löwenfell des Herakles geschmückt, zeigten sie statt der Schutzgötter Alexanders Kopf auf ihren Münzen.

Die hellenistische Staatenwelt

Die Geschichte der hellenistischen Staatenwelt gliedert sich in zwei große Perioden. In der Blütezeit bis 221 v. Chr. hielten sich die drei Großmächte noch im politischen Gleichgewicht. Doch Rivalitäten und Besitzansprüche verwickelten die drei Monarchien ständig in kräftezehrende Auseinandersetzungen. Besonders die Nachbarschaft von Seleukiden und Ptolemäern barg ein mächtiges Konfliktpotential. Südsyrien gab mehr als ein Jahrhundert lang Anlass zu kriegerischen Reibereien. In der Ägäis kollidierten die Interessen aller drei hellenistischen Großreiche. In den unaufhörlichen Kämpfen verschleuderten die Nachfolger Alexanders ihre finanziellen und wirtschaftlichen Ressourcen. Machthungrig hatten sie ihre Länder geschröpft. Ohne Rückhalt in der Bevölkerung und geschwächt durch innere Spannungen wurde die hellenistische Staatenwelt schließlich zerrieben zwischen Ost und West, den Römern und Parthern. In der Zeit des Niedergangs schritt die tatsächliche Eingliederung einzelner Räume in das Imperium Romanum unaufhaltsam voran. Mit der Einnahme Alexandrias war im Jahre 30 v. Chr. die politische Geschichte des Hellenismus endgültig in die Geschichte des Römischen Reichs eingemündet.

Herrscherideal und Herrscherkult

Ihr spezifisches Gepräge erhielten die hellenistischen Monarchien durch die jahrzehntelangen Kämpfe um die endgültige Gestalt der griechisch-orientalischen Welt. Doch Königsherrschaft gründete sich nicht allein auf den kriegerischen Erwerb von Territorien. Erst der Nachweis besonderer Qualitäten als siegreicher Feldherr, politischer Stratege, edler Wohltäter und kraftvoller Beschützer berechtigte zur Herrschaft. Die Monarchen standen schlechterdings unter Leistungsdruck und Erfolgszwang. Die stete Demonstration der herausragenden Eigenschaften zwang nicht nur zu einer offensiv geführten Außenpolitik, sondern durchflutete auch das öffentliche und private Leben. Gesegnete Jagden, aufwändige Hofhaltung, prachtvolle Architektur, aber auch die Münzprägung sowie die Nachahmung der Heroen waren Bestandteil einer geradezu propagandistischen Inszenierung von Reichtum und Machtfülle. Die Königsfamilien festigten ihren Herrschaftsanspruch durch rechtmäßige Erbfolge, aber auch durch göttliche Abstammung. Als Nachfahren des Herakles (Ptolemäer) oder des Apollon (Seleukiden) genossen sie teils göttliche Ehren. Auch von den Griechen empfingen die Herrscher himmlische Huldigungen. Letztlich war es erst das Attribut der königlichen Göttlichkeit, die den Griechen die missliebige Institution der Monarchie erträglich machte. In ihrer Vorstellungswelt war ja jede Form von Obrigkeit verhasst, eines freien Mannes unwürdig. Sich aber der Autorität einer göttlichen Instanz zu unterwerfen, entsprach auch in Hellas dem Ehrgefühl. Die hellenistischen Vorstellungen von Monarchie wirkten bis in die Neuzeit und fanden im Gottesgnadentum des Absolutismus lebhaften Ausdruck.

Antike Weltwirtschaft

Alexanders Züge nach Asien und die Erschließung des Weges nach Indien eröffneten dem antiken Handel neue Dimensionen. Nachdem die älteren Handelswege des Ostens mit dem ägäischen Raum verknüpft worden waren, entstand aus der Verflechtung mit dem westlichen Mittelmeer geradezu eine Weltwirtschaft. Bis in den Fernen Osten reichten die Kontakte. Ein transkontinentaler Handel verband das Seleukidenreich mit China, und seit 117 v. Chr. war Indien auf dem Seeweg zu erreichen. Die Wirtschaftszentren im griechischen Mutterland dagegen verarmten, neue im Osten entstanden. Es waren Händlerstädte, wie Alexandria, Rhodos und Antiocheia. Während der Osten blühte, litt Hellas insbesondere unter der Abwanderung von Handel und Gewerbe. Damit verlor der wirtschaftliche Knotenpunkt vorangegangener Jahrhunderte an Bedeutung.

Griechische Kultur in Rom: Die politische Expansion Roms in den Osten öffnete der griechischen Kultur das Tor nach Westen. Mit der Errichtung der Weltherrschaft ließ sich Rom von dem zivilisatorisch überlegenen Osten überwältigen. Heimkehrende Soldaten, aber auch Griechen trugen als Geiseln, Abgesandte, Häftlinge oder Händler hellenistisches Zivilisationsgut nach Rom. Ärzte und Philosophen aus dem Osten vermittelten ihre Fertigkeiten. Leidenschaftlich beäugten die Römer die Meisterwerke griechischer Kunst. Aus den eroberten Städten brachten sie massenhaft Kunstwerke nach Rom. War das griechische Original nicht verfügbar, ließen sie Kopien in großen Mengen fertigen. So sind Tausende antiker Statuen in unseren Museen genau genommen Reproduktionen römischer Herkunft. Auch literarisch war Griechenland Vorbild und Anreiz zugleich. Trotz ihrer Eigenständigkeit sind die Meisterwerke römischer Literatur ohne die hellenistische Tradition nicht denkbar.

Der Untergang der hellenistischen Staatenwelt

Eine neue Großmacht entsteht

Fast unbemerkt von den Großmächten des griechischen Ostens war im Westen ein neues Machtzentrum entstanden, denn Rom hatte nach erfolgreichen Kriegen gegen die Karthager in Sizilien und Spanien erstmals große Gebiete außerhalb Italiens in seinen Besitz genommen.

Zu diesem Zeitpunkt hatten die hellenistischen Reiche bereits viel von ihrem Elan verloren. Von den ersten Auflösungserscheinungen zeugte der Abfall des iranischen Reitervolks der Parther vom Seleukidenreich um 250 v. Chr. Gleichzeitig zehrten Aufstände, Thronwirren und gegenseitige Rivalitäten an den Kräften der östlichen Monarchien. Pergamon, Rhodos und andere Staaten suchten von sich aus die Anlehnung an den Westen als starken Partner gegen das makedonische und seleukidische Großreich.

Ost gegen West

Die Pläne von Philipp V. von Makedonien (221 – 179 v. Chr.) und Antiochos III. von Syrien (223 – 187 v. Chr.) zur Stabilisierung und Erweiterung ihrer Herrschaftsbereiche gaben den entscheidenden Anstoß zu einer römischen Intervention. Griechenland wurde über Jahrzehnte zum Schauplatz zahlloser grausamer Kriege.

In zwei **Makedonischen Kriegen** (215 – 205 und 200 – 197 v. Chr.) ging es den Römern um die Zurückdrängung Philipps V. auf die makedonischen Kernlande. Sie proklamierten dabei die Wiederherstellung der griechischen Freiheit, ohne Interesse an einer direkten Herrschaft oder an Territorialgewinn im griechischen Raum. Der Seleukide Antiochos III. zielte in der Tradition Alexanders des Großen auf Expansion und forderte Rom zum Kampf. Dessen Eintritt in den Krieg wurde durch Hilfegesuche verschiedener griechischer Städte legitimiert. Rhodos, Pergamon, der Achaiische Bund und Makedonien selbst stellten sich auf die Seite Roms und nach kurzer Zeit auch die Atoler, vormals Verbündete der Seleukiden. So wurde Antiochos III. im Jahr 188 v. Chr. zum Rückzug aus Kleinasien, zur Zahlung einer gewaltigen Geldsumme und zur Auslieferung seiner Flotte gezwungen.

In den Folgejahren wurde aus den anfänglich rein regulierenden Maßnahmen bald eine rücksichtslose Expansionspolitik, deren Ergebnis die vollständige Eingliederung des Ostens in den westlichen Herrschaftsbereich war. Rom griff erstmals in die Autonomie der Staaten ein. Das Aufbegehren Makedoniens unter Perseus endete mit der Liquidierung des Staates. Als Provinz Macedonia wurde das Gebiet von der Adria bis zur Ägäis der unmittelbaren Verwaltung Roms unterstellt. Das Antigonidenreich verlor seine monarchische Spitze und wurde in vier schwache Republiken aufgeteilt. Über jeden, der sich gegen römischen Herrschaftsanspruch stellte, tagte ein unbarmherziges Strafgericht. Ortschaften wurden zerstört, Einwohner in die Sklaverei verkauft und Gegner nach Italien deportiert. Ausschließlich Sympathisanten Roms dominierten von nun an die politische Führungsriege in Griechenland.

Der **Pergamon-Altar** *im Pergamon-Museum Berlin. Ein umlaufender Relieffries zeigt überlebensgroße Figuren sich bekämpfender Götter und Giganten. Es soll die Überwindung der Gallier versinnbildlichen.*

Nike, die griechische Siegesgöttin, wurde von Zeus aus den Höhen des Olymps geschickt, um auf Erden Sieg zu bringen. Die **„Nike von Samothrake“** *ist eine der wenigen original erhaltenen griechischen Großplastiken aus hellenistischer Zeit.*

Das lange Nachspiel

Mit der Errichtung direkter Herrschaftsräume hatte der römische Einfluss im Osten eine neue Qualität erreicht. Einen großflächigen Aufstand der Griechen erstickten die Römer im Keim. Sie verwüsteten Korinth, den wichtigsten Stützpunkt in Griechenland. Hellas rutschte endgültig in die politische Bedeutungslosigkeit ab.
Während Makedonien im Krieg besiegt wurde, erschöpfte sich der Einfluss der beiden anderen hellenistischen Großreiche von selbst in jahrelangen Thronstreitigkeiten und inneren Wirren, bis sie dem Römischen Reich einverleibt wurden. Der größte Teil Westkleinasiens fiel kampflos in die Hände der Römer. So hatte Attalos von Pergamon sein Reich im Jahr 133 v. Chr. testamentarisch den Römern verschrieben. Auch die Bemühungen des Mithridates VI., der Expansion aus dem Westen Einhalt zu gebieten, waren vergebens. Feldzüge in den Jahren 74 – 63 v. Chr. besiegelten die Herrschaft Roms über den Osten. Bei einer generellen Neuordnung der Verhältnisse nahm Pompeius den letzten Rest des Seleukidenreichs als Provinz Syria unter direkte römische Herrschaft.
Zuletzt wurde auch Ägypten in den römischen Herrschaftsbereich einverleibt. Vorausgegangen war der Versuch der letzten Königin Ägyptens, **Kleopatra** (69 – 30 v. Chr.), die hellenistische Welt mit Ägypten als Zentrum zu erneuern. Der römische Regent Antonius war ihr Gatte und schenkte ihr ganze Provinzen. Als **Oktavian** als Gegenspieler mit römischen Truppen in Ägypten landete, begingen Kleopatra und Antonius Selbstmord.

Die sagenhafte Gründung Roms:
Auch über den Mythos ihrer Stadtgründung suchten die Römer die Anbindung an die griechische Welt. Sie verlegten ihre Frühgeschichte in den trojanischen Sagenkreis und machten den homerischen Helden **Aeneas** zum Stammvater ihrer Stadt. Nach der Sage hat er als einziges Mitglied der trojanischen Fürstenfamilie das Massaker nach dem griechischen Sieg über Troja überlebt. Nach langer Flucht heiratete er in Latium die Tochter des Königs, Lavinia. Ihr gemeinsamer Sohn Ascanius errichtete Alba Longa, die Mutterstadt Roms. Aus diesem Geschlecht stammen Romulus und Remus, die Gründer Roms, die angeblich von einer Wölfin gesäugt wurden.

Diese Detailaufnahme einer Statue zeigt Aeneas mit seinem gelähmten Vater Anchises auf den Schultern bei der Flucht aus dem brennenden Troja.

DAS RÖMISCHE WELTREICH

Gründung und Königszeit Roms

Die Frühzeit Italiens und Roms

Die Ursprünge Italiens und Roms wurzeln im Einbruch indoeuropäischer Völker in das mediterrane Gebiet. Diese **Große Wanderung** erreichte Italien um 1200 v. Chr. Alle Völkerscharen, die von Norden her über die Alpen zogen, fasst man unter dem Namen **Italiker** zusammen, obwohl sie wenig Gemeinsamkeiten mitbrachten. Sie drängten die Ureinwohner in die schwer zugänglichen Landschaften zurück. Unterschiedliche Sprachen und Sitten machten eine gegenseitige Verständigung und Kooperation zwischen den Zuwanderern unmöglich. So war Altitalien ein ethnisch, sprachlich und kulturell zutiefst zerklüftetes Gebilde.

*Der Name **Italien** bezeichnete zunächst nur den südwestlichen Teil der stiefelförmigen Halbinsel. Mit der Expansion Roms dehnte auch der Begriff seine territoriale Zuständigkeit bis zu den Alpen hin aus.*

Griechen und Etrusker

Nach der Großen Wanderung landeten um 800 v. Chr. **Griechen** und **Etrusker** vom Meer aus an den Küsten Italiens und lenkten die Zukunft der italienischen Halbinsel in neue Bahnen. Während die Griechen nur schmale Küstenstreifen besiedelten, suchten die Etrusker die Ausweitung ihres Einflussgebietes auch im Landesinneren. Durch eine vollständige Unterwerfung der einheimischen Bevölkerung prägten sie mit ihrem Kulturgut nahezu die gesamte italienische Halbinsel. Mit ihnen hielt der Stadtstaat als eine der besonderen politischen Errungenschaften der Antike Einzug in Italien. Städte wie Mantua, Pompeji und Capua wurden durch etruskische Adelige gegründet. Das weitreichende Netz lukrativer Handelsverbindungen wurde zur Grundlage von Wohlstand und Reichtum. Die Herkunft der Etrusker ist bis heute ungeklärt. Ihre Lebensgewohnheiten und religiösen Vorstellungen folgten vielfach der griechischen Zivilisation. Daher offenbart sich das kulturelle Vermächtnis der Etrusker besonders in der Vermittlung von ursprünglich griechischem Kulturgut. Trotzdem trugen die Werke etruskischer Künstler und Handwerker auch eine eigene Note, in der sich eine spezifische Lebensart widerspiegelt. Hier zeigen sich die Etrusker als ein außergewöhnlich lebensbejahendes und heiteres Volk mit Hang zu Luxus und Komfort. Vor allem die Stellung der etruskischen Frau ist bemerkenswert: Gleichberechtigt beteiligte sie sich neben ihrem Mann am gesellschaftlichen Leben, an den Gelagen, an den Tänzen, Festen und Spielen zu Ehren der Götter.

*Ein **Wandgemälde** in einem etruskischen Grab in Tarquinia, Rom. Die Szenen stellen für gewöhnlich Feierlichkeiten, Tanzszenen oder verschiedene Arten von Spielen dar.*

Vornehme Etrusker gestalteten noch zu Lebzeiten ihre **Grabstätte** *wie ein Wohnhaus mit kunstvoll geschmückten Räumen, die mit Gegenständen des täglichen Lebens ausgestattet wurden. In ihrer Vorstellung diente das Grab als Zwischenstation auf der letzten Reise ins Jenseits. Die formvollendeten Sarkophage gaben Gesicht und Gestalt des Verstorbenen wieder.*

Rom und die Etrusker

Schon zu Zeiten der Stadtgründung standen die Römer kulturell im Bann der Etrusker. Sie zollten der etruskischen Handwerkskunst tiefe Bewunderung. Auch das Wahrzeichen Roms ist von etruskischen Künstlern geformt worden: die **Kapitolinische Wölfin**, lateinisch „lupa capitolina".
Auch die religiösen Vorstellungen der Etrusker fanden in der römischen Welt einen festen Platz. Um den göttlichen Zorn bzw. die himmlische Gnade zu erforschen, von der menschliches Versagen oder aller Erfolg abhing, hatten die Etrusker eine ausgeklügelte „Wissenschaft" zur Erkundung der göttlichen Pläne entwickelt, die von den Römern weiter betrieben wurde. Hierzu gehörte die Kunst, die Zukunft eines Menschen, einer Stadt oder eines Landes durch die Deutung von Tier-Eingeweiden, von Vogelflug oder von Blitz und Donner vorherzusagen. Sie genoss in Rom höchstes Ansehen.

Rom springt aus dem Ei

Irgendwann im 8. Jahrhundert v. Chr. fügten sich die dörflichen Siedlungen nahe der Tibermündung zu einer Stadt zusammen. Der oft zitierte Merkspruch „7 – 5 – 3 – Rom springt aus dem Ei" gibt daher nur ein ungefähres Gründungsdatum an. Fehlendes geschichtliches Wissen ersetzten die Römer durch eine Fülle von Sagen. Hierin spielt das Zwillingspaar **Romulus und Remus** eine Rolle, die als Stadtgründer gelten und unmittelbar von Göttern abstammen sollen. Ebenso sagenhaft ist die Erzählung von sieben Königen, die das junge Rom regiert haben sollen.

Auch der berühmte Triumphzug römischer Feldherrn gehört in seinen Ursprüngen nach Etrurien. Nach einer siegreichen Schlacht zogen die ruhmreichen Heerführer in goldgestickter Purpurtoga auf einem Prunkwagen durch das feiernde Rom. Verdiente Männer ehrte man später auch mit dem Bau ganzer Triumphbögen, so auch der **Konstantinsbogen** auf dem **Forum Romanum**. Bis in die Neuzeit galten Säulen und Triumphbögen wie das Münchner Siegestor oder der Pariser Arc de Triomphe als hochgeschätzte Monumente des Sieges.

Die Bronzestatue der **Kapitolinischen Wölfin** *gilt noch heute als ein Wahrzeichen der Weltstadt Rom. Die Wölfin selbst ist etruskischer Herkunft. Die charakteristischen Zwillinge fügte man erst im 15./16. Jhd. hinzu.*

Die Frühe Republik

Die Gründung der Republik

Aus den sagenhaften Ursprüngen Roms heraus entwickelte sich um 550 v. Chr. unter etruskischem Einfluss eine Herrschaftsform, bei der ortsansässige Sippenoberhäupter mit dem etruskischen Adel zu einer neuen, spezifisch römischen Aristokratie verschmolzen. Diese neue Oberschicht, die **Patrizier**, dominierte auch in militärischer Hinsicht das neue Gemeinwesen, denn zu diesem Zeitpunkt wurden kriegerische Auseinandersetzungen vorwiegend durch die Kavallerie durchgeführt, und nur reiche Patrizier konnten sich die aufwändige Haltung von Pferden leisten. Aus diesem militärischen Stellenwert begründete der römische Adel schon zu Zeiten der Königsherrschaft Rechte auf politische Mitsprache. So bildeten Mitglieder der adeligen Familien den Ältestenrat, **Senat** genannt, der die zentrale staatliche Organisation Roms darstellte. Mit der Vertreibung des letzten Königs Tarquinius Superbus – angeblich im Jahre 510 v. Chr.– begann eine republikanische Regierungsordnung, zuerst weiterhin allein durch die Patrizier bestimmt. Ähnlich wie in Griechenland, führten neue Kriegstechniken zu einer Veränderung der Machtverhältnisse: Kriegerische Auseinandersetzungen wurden nun durch schwerbewaffnete Infanterie geführt, so dass die plebejischen Bauern die Hauptlast des Krieges trugen. Da in der antiken Denkweise der Besitz politischer Rechte mit Waffenbesitz verknüpft war, forderten nunmehr die freien Bauern, die Kaufleute und die Handwerker die Beseitigung der adeligen Sonderstellung in Politik und Gesellschaft. Die darauf folgenden **Ständekämpfe** führten zu schweren inneren Krisen der römischen Republik.

Römischer Aristokrat

Die Plebs

Als Plebs oder Plebejer wurde die Masse der römischen Bürger bezeichnet. Sie führte den Ständekampf gegen die Patrizier und erreichte teilweise politische Gleichberechtigung. Im Verlauf der Jahrhunderte fanden einige Plebejer einen festen Platz in der römischen Gesellschaft und organisierten sich gemeinsam mit den Patriziern in der Nobilität, einer Art Beamtenadel. Der ärmste Teil der Bevölkerung ohne jedes Vermögen dagegen beteiligte sich nicht am politischen Geschehen.

Die Republik (von lat. *res publica* = Öffentliche Angelegenheit): Mit diesem Begriff bezeichnet man heute ein Gemeinwesen, in dem das Volk durch Wahlen und andere Beteiligungsformen Träger der Staatsgewalt ist. In der Antike gab es Republiken demokratischen und aristokratischen Gepräges.

Die Patrizier (von lat. *patres* = Väter): So nannten sich die Angehörigen der ältesten römischen Adelsfamilien. Sie haben vom Anfang bis zum Ende der römischen Republik ihren enormen Einfluss auf das Staatswesen behauptet. Bis in die Gegenwart bezeichnet man so die alteingesessenen Eliten in deutschen Städten.

Das Imperium
„Imperium" nannte man in der römischen Republik die uneingeschränkte Amtsgewalt der Beamten. Ihre Bedeutung lag vorwiegend im militärischen Bereich. Kraft „imperium" konnte der Konsul als Feldherr selbstständig und ohne Rücksprache Soldaten ausheben, Kriegsoperationen leiten oder auch über die Verwendung der Beute entscheiden. Die unbegrenzte Machtfülle der höchsten Staatsbeamten war wohlweislich auf ein Jahr befristet. Erst in der Zeit der späten Republik entwickelte sich aus den Erfordernissen der Weltherrschaft die Kommandogewalt mit außerordentlichen Vollmachten. Diese sprengten die geltende Verfassungsordnung, da man hier auf die zeitliche Beschränkung verzichtete.

Die Ständekämpfe

Nach der Königszeit kam es in Rom zu lang andauernden Auseinandersetzungen zwischen den unterschiedlichen Ständen um den politischen Einfluss, parallel zu Eroberungsfeldzügen im italischen Raum. Die Kämpfe zwischen Patriziern und Plebejern in Rom dauerten mehr als ein Jahrhundert. Erst die juristische und politische Gleichstellung der Plebejer beendete die innerstaatliche Fehde, wobei sich das Patriziat trotz aller Abstriche seine gesellschaftliche Sonderstellung bewahren konnte.

Zwei Fronten im Kampf um das politische Regiment

Lange Zeit konnte das Patriziat seine Machtstellung behaupten. Rigide Regelungen wie das Eheverbot zwischen Patriziern und Plebejern verhärteten jedoch die Fronten und forderten den Widerstand der Plebejer heraus.
Um mehr Einfluss zu gewinnen, bauten die Plebejer eine eigene Kampforganisation auf und organisierten sich selbstständig in politischen Versammlungen, in denen sie ihren politischen Willen und ihre programmatischen Ziele formulierten. Als Vertreter ihrer Interessen wählten sie so genannte **Volkstribunen**. Außerdem setzten sie den Streik als politisches Mittel ein. Dreimal sollen die Plebejer zur Durchsetzung ihrer Forderungen aus Rom ausgezogen sein, in den so genannten **secessiones plebis** (= den Auszügen der Plebs). Dies löste den Staatsverband mit den Patriziern jeweils faktisch auf und führte zu umfangreichen Konzessionen wie die Anerkennung des Volkstribunats durch die Patrizier und die Feststellung, dass Volksbeschlüsse (Plebiszit) verbindlich für das ganze Volk waren.
Um 450 v. Chr. billigten die Patrizier die Bildung der **Zenturiatskomitien** als weiteren Ort der politischen Entscheidung. Diese Versammlung der gesamten Bürgerschaft als Heergemeinde trat als wichtigste aller Volksversammlungen neben die Standesversammlung der Plebejer. Durch sie rückte das römische Heer zu einer Körperschaft mit politischer Entscheidungsgewalt auf, in der Patrizier und Plebejer gemeinsam über wesentliche Belange, wie die Wahl der höchsten Beamten und die Entscheidung über Krieg und Frieden, berieten. Die Stimmabgabe erfolgte nach Hundertschaften, die timokratischen Kriterien folgten und sich nach Vermögen und aufgebrachter Kriegsausrüstung gliederten. Da die reichen Römer in 98 der 193 Hundertschaften (Zenturien) saßen, war ihnen eine unbestrittene Mehrheit sicher. Von den Reformen profitierte daher ganz besonders die Schicht der vermögenden Plebejer.

Romulus, *sagenhafter Gründer und erster König Roms, teilt das Volk in Patrizier und Plebejer (Kupferstich von Matthäus Merian).*

Die Festigung der Republik

Endgültiger Ausgleich

Während der kriegerischen Auseinandersetzungen mit den Etruskern (405 – 396 v. Chr.) und den Kelten (387 v. Chr.) wurde die militärische Bedeutung und Stärke des plebejischen Fußvolks offensichtlich und führte zu weiteren Forderungen nach politischer Beteiligung. Wirtschaftliche Sofortmaßnahmen wie Zinserlässe für die Kleinbauern stellten die gefährdete römische Heereskraft schnell wieder her. Politisch wurde eine Lösung gefunden, mit der auch Plebejer in die politische Führung aufrückten: Durch die paritätische Besetzung des Konsulats stand neben jedem Patrizier immer auch ein Plebejer an erster Stelle der Regierungspyramide. Die drei höchsten Staatsbeamten wurden jeweils für ein Jahr mit dem so genannten „imperium" ausgestattet. Während zwei **Konsulen** die Legionen ins Feld führten, oblag dem **Prätor** die Rechtsprechung.

Im Jahr 300 v. Chr. fiel mit der Öffnung der Priesterämter die letzte Bastion der Patrizier. Der zermürbende und für die Stadt existenzgefährdende Kampf der Stände gegeneinander fand in den nächsten Jahrzehnten einen friedlichen Ausgang. An die Stelle der einstigen Gegnerschaft zweier Bevölkerungsgruppen trat stabilisierendes Einvernehmen. Träger des neuen Grundkonsenses war die plebejisch-patrizische Nobilität.

Der Charakter der römischen Republik

Charakteristisch für die römische Republik war die Vermengung dreier Verfassungstypen: der Monarchie, der Demokratie und der Aristokratie. Kern der Verfassung war die Teilung der Gewalten und deren Verteilung auf Beamte, Senat und Volksversammlung. Letztlich herrschte der Senat, und Beamte und Volksversammlung besaßen nur wenig Einfluss. Demokratische Elemente zeigten sich in den Rechten der Volksversammlung und in den Prinzipien der **Annuität** und **Kollegialität** – der Beschränkung der Amtszeiten der Magistrate auf ein Jahr und der doppelten Besetzung aller Ämter. Auch durften mehrere Ämter nicht in einer Hand vereinigt werden.

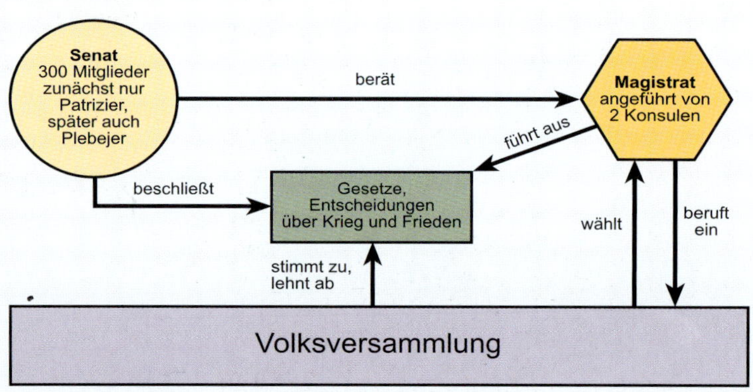

Die Verfassung der Römischen Republik

Die Nobilität

Nachdem die Plebejer sich durch die Ständekämpfe Zutritt zur höchsten Regierungsebene erkämpft hatten, bildete sich ein Kreis innerhalb der vermögenden und damit einflussreichen plebejischen Geschlechter heraus, der bald mit den alteingesessenen Patriziern zu einer neuen politischen Eliteklasse verschmolz – der **Nobilität**.

Die Nobilität reservierte sich die hohen Ämter, indem sie der Volksversammlung nur Mitglieder aus ihren eigenen Reihen zur Wahl präsentierte. Ihr besonderes Machtinstrument war der Senat, in den die ehemaligen Konsularbeamten nach Ablauf ihrer Amtszeit eintraten. Die Vorschläge des Senats gewannen mit der Zeit normative Kraft, so dass Senatsbeschlüsse von Konsuln, Prätoren oder Volkstribunen wie Weisungen betrachtet wurden.

Auch bei allen Fragen im Zusammenhang mit der Expansion Roms bestimmte der Senat die Entscheidungen, indem er alle Anträge der Volksversammlung vorher beriet. Damit hatte der Senat die Vorherrschaft über die Volksversammlung gewonnen. Ihre Existenz sicherte jedoch weiter den sozialen Frieden, weil die öffentliche Diskussion politischer Angelegenheiten alle sozialen Schichten in die Entscheidungen des Senats einband.

Rom, die „stolze Gesetzgeberin aller Nationen". Die Römer waren das größte rechtbildende Volk der Welt. Der wachsende Kontakt mit anderen Staaten und die eigene Expansion bis hin zur Weltherrschaft trugen dazu bei, dass das römische Rechtssystem in andere Staaten getragen wurde. In der Begegnung mit anderen Rechtssystemen wurde es immer wieder modifiziert und weiterentwickelt. Auf Initiative des Kaisers **Iustinianus** wurden im 6. Jahrhundert n. Chr. alle Rechtssätze in einem Reichsgesetzbuch zusammengefasst. Hieran haben viele moderne Völker unmittelbar angeknüpft. Selbst unser Bürgerliches Gesetzbuch von 1900 schöpfte aus dem Geist römischer Rechtssätze.

Virtus und Pietas – Ein römisches Erfolgsrezept

Die Verfassung war eine wichtige Säule römischer Stärke. Das eigentliche Geheimnis des Erfolges aber lag in der besonderen Loyalität der Führungselite gegenüber dem Staat begründet. Privatangelegenheiten stellte diese stets in den Hintergrund. Die **virtus** und **pietas**, also die **Mannhaftigkeit** und **Staatstreue**, kennzeichneten den vornehmen Römer. Unaufhörliches Streben nach Ruhm und Ehre, die nur im Staatsdienst erworben werden konnten, waren der Motor allen aristokratischen Handelns. Erst als persönlicher Ehrgeiz und Egoismus die Gesinnung von einst untergruben, entpuppte sich die republikanische Staatsordnung als leere Formel. Sobald ein Magistrat die geballte zivile und politische Gewalt seines Amtes zur Durchsetzung eigener Interessen missbrauchte, wurde er zur tödlichen Gefahr für die Republik. Deren Untergang war daher mit dem Aufstieg der großen Feldherren wie **Sulla, Pompeius** und **Caesar** besiegelt.

Trotzdem überlebten zahlreiche Errungenschaften der Antike, wie die Demokratie und die Republik, ihre Zeit. Bis in die Gegenwart zeigen sie ihre Wirkung. In ihrem Kampf gegen die Monarchie besannen sich die Führer und Wegbereiter der Französischen Revolution auf die antiken Vorbilder. Auch die Väter der amerikanischen Verfassung erinnerten sich gerne der spezifischen politischen Gesinnung im jungen Rom, als sie ihre auf Freiheit und Gleichheit gegründete Verfassung formulierten.

Zwölf Tafeln

Um das Jahr 450 v. Chr. zwangen die sozialen Nöte der Kleinbauern zur Fixierung einer Rechtsordnung, die den inneren Frieden sichern und die einzelne Person schützen sollte, denn die allgemeine wirtschaftliche Misere, Überbevölkerung, Landnot und Verschuldung hatten die Zahl der Eigentumsdelikte und der Gewaltanwendungen in die Höhe schnellen lassen.

Das „12-Tafel-Gesetz" verwirklichte den Gedanken von Rechtssicherheit und Rechtsgleichheit. Sie begünstigten weder Mächtige noch Amtsinhaber und sie unterschieden auch nicht zwischen Patriziern und Plebejern. Diese Gesetze wurden auf zwölf Tafeln schriftlich fixiert und auf dem Forum öffentlich ausgestellt. Sie bildeten den Ausgangspunkt für die Entwicklung des römischen Rechtswesens und bewahrten bis zum Ende des Römischen Reichs ihre Rechtskraft.

In der Antike war das **Kapitol** *der kleinste der sieben Hügel Roms. In Anlehnung an die antiken Vorbilder gestalteten die Baumeister der Neuzeit die amerikanische Hauptstadt Washington als das Rom der neuen Welt. Ihr Parlamentsgebäude nannte die junge Demokratie Kapitol.*

Rom – Herrscherin über Italien und die Welt

Herrschaft und Expansion

In den folgenden Jahrhunderten beanspruchten die territoriale Expansion im Mittelmeerraum und die Sicherung der jeweils neu gewonnenen Herrschaft die vollständige Aufmerksamkeit der römischen Regierung. Auf die Eroberung Italiens (340 – 270 v. Chr.) folgte die Unterwerfung des westlichen (264 – 201 v. Chr.) und des östlichen (200 – 146 v. Chr.) Mittelmeerraums. Der Versuch, eine Weltherrschaft aufzurichten, führte zunehmend zu sozialen und politischen Spannungen innerhalb des Stadtstaates Rom, die sich in der Revolutionszeit (133 – 31 v. Chr.) entluden.

Die Unterwerfung Italiens

In der zweiten Hälfte des 4. Jahrhunderts v. Chr. wehrte Rom zusammen mit anderen latinischen Völkern den etruskischen Ansturm ab. Um 400 v. Chr. kämpfte es dann gegen das benachbarte Veji, annektierte dessen Territorium und wurde zur größten Stadt Mittelitaliens. Rom bestand innerhalb des **Latinischen Bundes** auf Führung und setzte seine Vorherrschaft in Latium durch einen Krieg in den Jahren 340 – 338 v. Chr. weiter durch. Mit den darauffolgenden Annektionen verdreifachte es sein Territorium. In den folgenden fünfzig Jahren wurden weitere italische Stämme und griechische Städte an den Küsten unterworfen und die Herrschaft in Italien in den Hegomonialkämpfen von 326 – 272 v. Chr. durchgesetzt. Verschiedene Stämme und Städte wechselten angesichts der Übermacht freiwillig ins römische Lager. Zuletzt wurde die Stellung Roms nur durch die Stadt Tarent und deren Bündnispartner Pyrrhos von Epirus bedroht, der in mehreren Kämpfen römische Heere besiegte, jedoch unter gewaltigen eigenen Verlusten (**Pyrrhos-Sieg**). Tarent schloss dann 272 v. Chr. ein Bündnis mit Rom. Einige Jahre später unterwarf Rom noch die keltischen Stämme in Oberitalien.

Die **Via Appia**: *Über die riesige Fläche ihres Reiches legten die Römer ein Fernstraßennetz zur Beförderung von Truppen und Reisenden. Die erste Straße dieser Art war die Via Appia, die ab 312 v. Chr. von Rom nach Capua führte.*

Teile und herrsche – divide et impera

„Trenne die Gegner und beherrsche sie dadurch“ war ein Grundsatz römischer Außenpolitik. Besiegte Gegner und auch freiwillige Bundesgenossen wurden isoliert und direkt an den römischen Stadtstaat gebunden. Bevorzugtes Herrschaftsinstrument wurde die Militärallianz mit Rom, in denen die innere Souveränität der Bundesgenossen respektiert, aber die Leitung der Außenpolitik bedingungslos Rom unterstellt wurde. Außerdem sicherten römische Neusiedler in jeder der eroberten Städte die Loyalität zur Mutterstadt. Bei einer weitgehenden inneren Selbstverwaltung waren die Städte verpflichtet, Hilfstruppen zur Heeresfolge zu stellen. So wuchs die Wehrkraft Roms in ungeheurem Maße. Außerhalb des römischen Kernlandes standen die Militärkolonien wie vorgeschobene Festungen im früheren Feindesland. Deren Bewohner waren allesamt römischer Herkunft. Ein Netz solcher Kolonien überzog die Halbinsel. Sie wurden als Zentren römischer Kultur und Zivilisation ein entscheidender Faktor im Prozess der Romanisierung. So verschmolz Italien langsam zu einem Land mit einheitlicher lateinischer Sprache und Kultur, so erfolgreich, dass schließlich die ehemaligen Feinde selbst engen Schulterschluss mit Rom suchten, um damit ihre eigene Zukunft zu sichern.

Unter Zeitdruck musste die römische Landmacht eine Flotte zimmern, um gegen die karthagische Seemacht Krieg führen zu können. Die **römischen Schiffe** *waren schwerfällig und nicht besonders seetüchtig. In einigen Schlachten siegten die Römer jedoch, denn sie hatten ihre Schiffe mit breiten ausklappbaren Sturmbrücken ausgerüstet. So zwangen sie die karthagischen Marinesoldaten ins direkte Gefecht und führten in gewisser Weise eine „Landschlacht auf See".*

Ein Stadtstaat und sein Heer

Nach der Eroberung der unzähligen Stämme und Städte Italiens erschien mit **Karthago** erstmals im Jahr 264 v. Chr. eine wirkliche Großmacht als Gegner Roms. Zu diesem Zeitpunkt besaß keine andere Macht der Mittelmeerwelt ein auch nur annähernd so großes Reservoir an Waffenpflichtigen wie Rom: Im Jahr 225 v. Chr. betrug die Anzahl der waffenfähigen römischen Bürger 273 000, die der Kolonien 85 000 und die der Bundesgenossen 412 000. Dies machte zusammen mit der bedingungslosen Vorherrschaft Roms über seine Bundesgenossen in allen Entscheidungen seine militärische Stärke aus.

Der Entscheidungskampf

In Unteritalien stieß Rom an den Machtbereich des karthagischen Reichs, das seit Jahrhunderten Sizilien gegen die Griechen verteidigte und dessen Bewohner die Römer **Punier** nannten. Aus einem lokalen Konflikt entstand ein Entscheidungskampf um den alleinigen Führungsanspruch in Sizilien (264 – 241 v. Chr.). Dieser **Punische Krieg** zwang Rom nach seinen vielen erfolgreichen Landkämpfen erstmals in einen Seekrieg. Karthago gab schließlich in einem Friedensschluss den Anspruch auf Sizilien auf. Die strategische Bedeutung des Meeres wurde mit der Besetzung Sardiniens und Korsikas durch Rom noch deutlicher.

Hannibal ante portas – Hannibal vor den Toren

Nach dem Verlust Siziliens suchten die Karthager neue Herrschafts- und Handelsräume in Spanien. Dort gründeten sie eine neue Hauptstadt, die den programmatischen Namen **Neukarthago** (heute: Cartagena) trug. Im Jahre 221 v. Chr. übernahm mit **Hannibal** die berühmteste Persönlichkeit der römisch-karthagischen Auseinandersetzung die Macht in Spanien. Da der Besitz Sardiniens und Korsikas die Küsten Italiens gegen jeden Angriff von der See her abriegelte, durchzog Hannibal mit seinen Truppen in einem Gewaltmarsch die Pyrenäen und das Rhonetal. Er überquerte die Alpen und griff die römischen Truppen in Norditalien erfolgreich an.
Eine Serie römischer Niederlagen folgte. Die schwerste war die **Schlacht von Cannae** (216 v. Chr.), die kaum ein römischer Soldat überlebte. Der Schreckensruf „Hannibal ante portas" beschwor die feindliche Übermacht vor den Toren Roms. Ein weiterer Vormarsch Hannibals wurde jedoch verhindert. Er zog sich mit seinen Truppen wieder zurück und wurde 202 v. Chr. von den Römern bei Zama besiegt. In einem Friedensvertrag sicherte sich Rom erneut Souveränitätsrechte und Außenbesitzungen einer fremden Macht. Zwei Jahre später marschierten römische Truppen nach Osten. In den darauffolgenden Jahren wurden die Diadochenreiche erobert, insbesondere Makedonien und Syrien. Seit 146 v. Chr. gehörte auch ganz Griechenland zu Rom. Im selben Jahr wurde Karthago durch Rom im so genannten **2. Punischen Krieg** vollständig zerstört.

Der römische Staat sorgte für die **Wasserversorgung** *seiner Städte durch den Bau von oberirdischen* **Aquädukten**. *Aneinandergereiht und übereinandergestellt stützten zahllose Bögen die Wasserrinnen, die teilweise auf Strecken über 100 km verliefen.*

Das römische Herrschaftssystem

Sieben Hügel beherrschen die Welt

Die Eroberung der Welt war keineswegs das Ergebnis sorgsam durchdachter Herrschaftspläne. Zweihundert Jahre lang reagierten die Römer nur auf die jeweiligen Herausforderungen und Umstände. Unumstößlich war allein der feste Wille, die mit dem Schwert eroberte Macht auf Dauer zu erhalten. Die Zielsetzungen selbst verschoben sich erst im Laufe der Zeit. Ging es im 3. Jh. v. Chr. noch um die Sicherung Italiens und der Gegenküsten, so wiesen die bitteren Erfahrungen des 2. Punischen Krieges die Außenpolitik in eine neue Richtung. Rom knüpfte seine Freiheit an die politische Kontrolle aller gegnerischen Großmächte (201 – 188 v. Chr.). Eine Reihe von Aufstandsbewegungen ließ dieses Konzept scheitern. Zu groß war das Sicherheitsbedürfnis der Tiberstadt, die nun zum Vernichtungsschlag ausholte (168 – 146 v. Chr.). Was aber sollte mit den riesigen Landmassen geschehen? Zögerlich entwarf Rom sein Programm zur Errichtung eines eigenen Herrschaftsverbandes. Das Ergebnis war die Geburt des **Imperium Romanum**, die Herrschaft Roms über die damals bekannte Welt.

In der Nähe des heutigen Tunis lag **Karthago** *an einer uralten Handelsstraße. Es war die Hauptstadt eines Reiches, das die Städte und Handelsstationen Nordafrikas, den Westteil Siziliens sowie Stützpunkte auf Sardinien, Korsika und Spanien umfasste.*

Provinzen und Statthalter

Die in Italien entwickelten Herrschaftsmittel konnten nicht die eines Weltreichs sein. Das Imperium verlangte nach eigenen Untertanengebieten. Den entscheidenden Schritt tat der Senat, als er 227/225 v. Chr. und 197 v. Chr. in Sizilien und Spanien auf die vertrauten Herrschaftsinstrumente verzichtete. Von nun an gründeten die Römer Provinzen als Plattform ihrer direkten Herrschaft. Besiegte Gegner waren jetzt nur noch abgabepflichtige Untertanen des römischen Volkes. Ein Regiment übermächtiger Statthalter verkörperte in den eroberten Gebieten die Militärhoheit des Siegers. Rom selbst hatte damit eine Ordnung gefunden, die es gestattete, große Landmassen zu unterwerfen, ohne auf die Herrschaftsformen in Italien verzichten zu müssen. Die großen Verlierer des Systems waren die Provinzen. Keine Kontrollinstanz und kein Reglement boten Schutz vor der Allmacht der Statthalter. Schamlos schröpften die Amtsträger die Provinzen, um sich selbst zu bereichern. Doch nur zögerlich stimmte die Aristokratie der Bildung direkter Herrschaftsgebiete zu. Berechtigterweise fürchtete sie die wachsende Gefahr durch eine unkontrollierbare Anzahl von Statthaltern, die wie Könige in ihren Provinzen herrschten. Erst die großen Feldherren wie Pompeius und Caesar förderten aus persönlichen Machtinteressen die Umwandlung der römischen Einflusssphäre in direkte Herrschaftsgebiete.

Krisen und Bürgerkriege

Hundert Jahre Bürgerkrieg (133-30 v. Chr.)

Der Siegeszug des römischen Militärs und der steile Aufstieg zur Weltmacht führten zu einem jahrzehntelangen Geldstrom aus Kriegsbeute, Provinzialsteuern und Handelsgewinnen. Er veränderte das Bild der römischen Gesellschaft. Bodenspekulationen des Adels verschärften bereits bestehende soziale Spannungen. Bürgerkriege führten schließlich zum Ende der republikanischen Verfassung. Einzelne Machthaber traten mit ihren Sonderwünschen hervor und ebneten der Kaiserzeit den Weg.

Kriegsgewinn und Grundbesitz

Die kriegerische Expansion ins Mittelmeer ermöglichte riesige Kriegsgewinne. Nur die konservativen Senatoren hielten sich davon fern und verzichteten im Jahre 218 v. Chr. geschlossen auf jegliche Beteiligung an Handels- und Bankgeschäften. Andere Händler, Unternehmer und Bankiers aber wurden nun genauso reich wie der großgrundbesitzende Adel und traten unter der Bezeichnung „Ritter" als Aristokratie der Neureichen neben den Adelsstand. Sie investierten ihr Geld hauptsächlich in den Erwerb von Grundbesitz und bauten mit Hilfe von Sklaven landwirtschaftliche Großbetriebe (**Latifundien**) auf. Den Kleinbauern aber fehlten die Mittel, um erfolgreich in den Kampf um das knappe Siedlungsland in Italien einzutreten. Sie wurden von der Latifundienwirtschaft geschluckt und verloren vielfach ihre Existenzgrundlage.

Trotz der vielfachen inneren Spannungen im römischen Reich entstanden in dieser Zeit Glanzleistungen römischer Architektur- und Ingenieurskunst, wie die technisch ausgefeilten, prunkvollen Badeanlagen, die so genannten **Thermen**.

Das Ende des inneren Friedens

Die Kräfte der Kleinbauern waren auch durch die Verpflichtung der erwachsenen Männer zum Heeresdienst geschwächt, so dass vielfach Haus und Hof verödeten, weil niemand für die Bewirtschaftung zur Verfügung stand. So schritt die Verelendung der Bauernschaft unaufhaltsam voran. Als „proletarii" strömten sie nach Rom, wo sie staatliche Getreidespenden erhielten.

Die niedrigste Position innerhalb der Gesellschaft hatte jedoch die Masse der Sklaven inne, die ohne persönliche Rechte auf den Latifundien und in den Bergwerken schufteten. Seit 136 v. Chr. kämpften sie in Sklavenaufständen um ihre eigene Freiheit. Diese Aufstände erschütterten das römische Staatswesen, blieben aber ohne politischen Erfolg.

Außerhalb Roms gab es zunehmend Konflikte mit den Bundesgenossen, die immer heftiger ihren Anteil an der Regierung und der Kriegsbeute verlangten. Erst in den Jahren 91 – 88 v. Chr. erkämpften sie sich das römische Bürgerrecht und damit politische Gleichstellung.

Es bestand also eine ganze Reihe schwerer Konflikte, die mit friedlichen Reformversuchen nicht mehr zu lösen waren. Sie eskalierten in einer hundertjährigen Krise, deren Revolten und Bürgerkriege das Ende der Republik bedeuten sollten.

Das Ende der Römischen Republik

Reform und Revolution – die Brüder Gracchus

Die Brüder **Tiberius** und **Gaius Gracchus** versuchten, die sozialen Spannungen zwischen den Kleinbauern und Proletariern durch Reformen abzubauen. Tiberius suchte die Lösung in einer Bodenreform und stieß damit zwar auf die Zustimmung breiter Teile des Volkes, aber auf den Widerstand des Adels und der Ritter. Dabei setzte er sich über die Ablehnung seiner Gesetze durch den Senat hinweg und stellte damit das jahrhundertealte Ordnungsgefüge in Frage. Die politischen Parteien trugen den Kampf auf die Straße. Tiberius Gracchus verlor dabei sein Leben. Sein jüngerer Bruder Gaius erreichte eine politische Aufwertung des Ritterstands als Gegengewicht zur senatorischen Übermacht. Im Jahre 121 v. Chr. kam es zu einem Bürgerkrieg, in dem der Staatsnotstand ausgerufen wurde. Die Truppen zogen in die Hauptstadt und töteten Gaius und Tausende seiner Anhänger.

Sulla – Staatsstreich, Bürgerkrieg und Diktatur

Mit **Lucius Cornelius Sulla** führte im Jahre 88 v. Chr. erstmals ein römischer Beamter seine Truppen gegen Rom, nachdem ihm kurz vorher das militärische Kommando bei bevorstehenden Kämpfen entzogen worden war. Er gehörte zu den Optimaten, ließ sich zum Diktator ernennen und widmete all seine Kraft der Wiederherstellung der Senatsherrschaft (82 – 79 v. Chr.). Politische Gegner wurden liquidiert und ihr Vermögen eingezogen. Trotzdem setzte er sich nicht durch: Sein politisches Programm war zu unpopulär. Viele verurteilten die Entmachtung des Volkstribunats als Bruch mit der traditionellen Verfassungsordnung. Nach wenigen Jahren zog sich Sulla jedoch von selbst aus der Politik zurück. Seine Nachfolger **Pompeius** und **Crassus** hoben die Gesetze aus Sullas Diktaturzeit auf und gaben Volkstribunen und Volksversammlung die alten Rechte zurück.

Lucius Cornelius **Sulla** *(138 – 78 v. Chr.), römischer Konsul*

Der neue Soldat

Infolge der Verelendung der Bauernschaft war die römische Wehrkraft entscheidend geschwächt. In den schweren Niederlagen gegen die Germanen traten die Schwächen der römischen Heeresverfassung offen zutage. Der Konsul Marius reformierte um 104 v. Chr. daraufhin das römische Militärwesen, indem er die Wehrpflicht reduzierte und ein Berufsheer gründete. Da es zu den Pflichten eines Feldherrn gehörte, seine Soldaten nach der Entlassung aus der Armee mit Siedlungsplätzen zu entlohnen, strömten Tausende besitzlose Proletarier in dieses Berufsheer. Mit Unterstützung einer ihm treu ergebenen Berufsarmee konnten nun einflussreiche Feldherren selbstständig in die Politik eingreifen. So drang militärische Gewalt auch als wesentlicher Faktor ins innenpolitische staatliche Leben ein.

Popularen gegen Optimaten

Auch innerhalb der römischen Aristokratie bestand keine Einigkeit. Die Nobilität spaltete sich in zwei Lager. Die Partei der extrem-konservativen **Optimaten** verteidigte das unumschränkte Regiment des Senats. Die Gegengruppe der **Popularen** benutzte die Volksversammlung zur Durchsetzung ihrer politischen Ziele. Allen gemeinsam war nur noch die Suche nach verheißungsvollen Ämtern.

Gaius Iulius Caesar *(100 – 44 v. Chr.) zählt zu den großen Persönlichkeiten der Weltgeschichte. Die Herrschaftsform, der er den Weg bereitete, trug seinen Namen bis in die Gegenwart.*

Der Anfang vom Ende

Nach einem siegreichen Krieg, der Rom die Herrschaft über ganz Kleinasien und Syrien sicherte, ging **Pompeius** im Jahre 60 v. Chr. ein politisches Bündnis mit **Crassus** und **Gaius Iulius Caesar** ein. Für den Verlauf der römischen Geschichte wurde dieser Dreibund, das **Triumvirat**, zu einem Schlüsselereignis – zum Anfang vom Ende der Republik. Die Macht, die sich in den Händen dieser drei Männer befand, machte das Bündnis zum Staatsstreich und setzte ihren Willen an die Stelle des Senats. Zwei Agrargesetze berücksichtigten nicht nur Kriegsveteranen, sondern auch mittellose Bürger und sicherte so die Zustimmung zum Triumvirat in breiten Teilen des Volkes. Caesar erhielt ein militärisches Sonderkommando in Gallien, Norditalien, an der dalmatischen Küste und in Südfrankreich. Als Feldherr erwartete er durch diese Kriegszüge weiteren Zugang zu Macht, Einfluss und Geld.

Veni, vidi, vici – ich kam, sah und siegte

Caesar unterwarf in den Jahren 58 – 51 v. Chr. ganz Gallien und unterstellte dieses Gebiet der römischen Herrschaft. Er führte Rom nach Mitteleuropa und machte damit den Rhein und später die Donau für viele Jahrhunderte zur Nordgrenze des Imperiums. Gleichzeitig festigte der Dreibund seinen Führungsanspruch im Reich. Diese politische Allianz zerbrach im Jahre 53 v. Chr. durch den Tod des Crassus. Nun stritten Caesar und Pompeius um die alleinige Macht. In der Folgezeit kämpften praktisch zwei römische Heere gegeneinander: Caesars Truppen überschritten in einem Blitzkrieg den Grenzfluss Rubikon, drangen nach Norditalien ein und schlugen im Jahr 48 v. Chr. die Truppen des Pompeius. Als Sieger und unbestrittener Herr des Reiches kehrte Caesar zurück. Er lehnte zwar die Königswürde ab, ernannte sich jedoch im krassen Widerspruch zur römischen Verfassung zum **Diktator auf Lebenszeit**, der außerdem die tribunizische Gewalt und das Konsulat beanspruchte, so dass Senat und Volksversammlung nur noch ein Schattendasein führten.

Die zunehmende Zerstörung der politischen Ordnung durch ihre Missachtung und innere Aushöhlung führte dazu, dass sich über sechzig Senatoren mit Cassius und Brutus an der Spitze gegen Caesars Alleinherrschaft verschworen. Er wurde am 15. März 44 v. Chr. während einer Senatssitzung von mehreren Attentätern aus dem Kreis der Senatoren niedergestochen und ermordet.

Der Kampf um das Erbe

Die Wiederherstellung einer republikanischen Regierungsform gelang nicht. **Antonius**, ein Gefolgsmann Caesars, verstand sich als Caesars Nachfolger und verhinderte die Wiederherstellung der Senatsherrschaft. Er rivalisierte mit **Oktavian**, einem Großneffen Caesars, um Macht und Einfluss im Reich, begründete dann aber mit ihm und **Lepidus** das **Zweite Triumvirat**. Erneut kämpften römische Heere gegeneinander. Bei der **Schlacht von Philippi** (42 v. Chr.) besiegten die Truppen des Triumvirats das Heer der Caesarmörder. Die Sieger teilten sich ihr Herrschaftsgebiet in drei Einflusszonen. Oktavian kontrollierte das Zentrum des Reichs. Als Antonius sich mit der ägyptischen Königin **Kleopatra** vermählte, nahm Oktavian dies als Vorwand, seinen einstigen Weggefährten des Verrats zu bezichtigen. In der **Seeschlacht bei Aktium** (31 v. Chr.) wurden Antonius' Truppen vernichtet und Ägypten in den römischen Herrschaftsbereich eingezogen. Antonius und Kleopatra begingen daraufhin Selbstmord. Oktavian hatte die schrankenlose Macht über das römische Reich gewonnen.

Unter Augustus erfasste ein immenses Bauprogramm weite Teile des Imperiums. Auf Triumphbögen, Obelisken und Tempelanlagen verkündeten goldene Lettern die politischen Programme. Mit Umbauten des Forum Romanum zollte der neue Machthaber der republikanischen Tradition Tribut, während gleichzeitig die Anlage des benachbarten **Forum Augustum** die Allmacht seiner Herrschaft illustrieren sollte. Es wurde neben dem Forum Romanum zum neuen Zentrum des Imperiums.

Die Römische Kaiserzeit

Goldene Zeiten

Das 1. und das 2. Jahrhundert n. Chr. brachten dem Römischen Reich eine Periode des zivilisatorischen Aufschwungs, während gleichzeitig die altrömischen Traditionen, verkörpert durch den Senat und das Volk, gegenüber der Macht des Prinzeps und des Heeres schwanden. Nach außen löste sich das Prinzipat erst durch den Wechsel zur absoluten Monarchie von seinem republikanischen Gewand. Die **Kaiserzeit** gliedert sich in die Periode der beiden ersten Herrscherhäuser, der **Julier** (27 v. Chr. – 68 n. Chr.) und der **Flavier** (69 – 96 n. Chr.). Danach folgte die Zeit der **Adoptivkaiser** (96 –1 80 n. Chr.), danach die **Regierung des Commodus** (180 – 192 n. Chr.) und schließlich die **Severische Dynastie** (193 – 235 n. Chr.).

Das Prinzipat des Augustus (27 v. Chr. – 14 n. Chr.)

Die **Seeschlacht von Aktium** beendete im Jahre 31 v. Chr. hundert Jahre Bürgerkrieg und ließ **Oktavian** (63 v. Chr. – 14 n. Chr.) als uneingeschränkten Sieger aus den Machtkämpfen um Caesars Erbe hervorgehen. Oktavian erhielt später den Ehrentitel **Augustus** – der Erhabene – und ging mit diesem Titel in die Geschichte ein. Er errichtete seine Herrschaft auf dem Fundament der römischen Republik. In der Rolle eines „princeps civium" – des ersten Bürgers von Rom – wurde der monarchische Charakter seiner Regierung verschleiert. Am 13. Januar 27 v. Chr. legte Oktavian die Sondervollmachten aus der Zeit des Bürgerkriegs nieder und gab die Provinzen, das Heer und die Verwaltung scheinbar in die Hände von Senat und Volk zurück. Rein rechtlich gesehen war so die Zuständigkeit von Senat und Magistrat wiederhergestellt. Tatsächlich aber benutzte die Prinzipatsverfassung die alten Machtzentren der Republik als bloße Erfüllungsgehilfen der kaiserlichen Politik.

Kaiser Augustus, *dargestellt wie ein römischer Feldherr und ein griechischer Halbgott. Bronzestatue 14 n. Chr.*

Die Monarchie und die Tradition

Zu keinem Zeitpunkt hatte Oktavian die wirkliche Entscheidungskompetenz aus den Händen gegeben. Er stützte sich sowohl auf die Loyalität der Soldaten und Veteranen wie auch auf die Unterstützung der Bevölkerung Roms und anderer Städte Italiens. Oktavian beanspruchte zunächst das Konsulat, das er ab 23 v. Chr. gegen die Amtsgewalt der Volkstribune eintauschte. Das garantierte ihm politische Handlungsfreiheit in allen Bereichen des staatlichen Lebens. Dem Senat überließ er die Verwaltung befriedeter Provinzen, in denen kaum Truppen stationiert waren. Er selbst konzentrierte die militärische Befehls- und außenpolitische Entscheidungsgewalt auf sich, indem er die Verantwortung für die gefährdeten Provinzen in den Randgebieten auf sich nahm. Als Herren der römischen Armeen, der bedeutendsten Provinzen und des Staatsvermögens herrschten Oktavian und seine Nachfolger wie in einer Monarchie, die sich unter dem Deckmantel einer wiederhergestellten Republik mit Senats-, Volks- und Magistratseinfluss verbarg.

Die **Ara Pacis***: Augustus, der die monarchengleiche Herrschaftsform des Prinzipats vor allem durch den Aufbruch in ein friedliches und glückliches Zeitalter zu legitimieren versuchte, widmete dem Frieden einen eigenen Altar, der in Bildern das Prinzipat als Erfüllung der römischen Geschichte glorifizierte.*

Krieg und Frieden

Der monarchische Charakter der Regierungsform des Augustus wurde trotz der Orientierung an der republikanischen Verfassung so deutlich, dass Augustus als erster römischer Kaiser gilt. Dichter wie Horaz und Vergil lobten seine Herrschaft als das Goldene Zeitalter der „pax Augusta", des augusteischen Friedens. Der durch Augustus verkündete Frieden galt jedoch nur im Inneren des Römischen Reichs. Außenpolitisch war seine Regierungszeit durch Versuche bestimmt, das unregelmäßig gewachsene Weltreich territorial zu arrondieren. Augustus verzichtete auf Expansionen im Osten. Er wollte durch neue Pufferzonen Italien vor Einfällen aus dem Alpenraum schützen. Nach dreißig Jahren Krieg hatten sich die Nordgrenzen des Römischen Reiches bis an den Rhein und die Donau vorgeschoben. Dadurch wurde die Lücke zwischen dem Osten und dem Westen des Imperiums geschlossen. Weitere Feldzüge nach Germanien blieben erfolglos. Die kaiserliche Propaganda stilisierte aber selbst verlustreiche Offensiven zu wahren Erfolgen. „Hüter des Römischen Reiches und Lenker des gesamten Erdkreises" nannte das stolze Volk seinen Feldherren und Kaiser.

Das Erbe des Augustus

Augustus starb im 76. Lebensjahr am 19. August 14 n. Chr. in Kampanien. Eine direkte Erbfolge war aus zwei Gründen unmöglich: Einerseits besaß Augustus keinen leiblichen Sohn. Andererseits hätte eine Regelung wie in einer Erbmonarchie gegen die nominell republikanische Verfassung verstoßen. Mit dem Tod des Kaisers fielen daher aus rein juristischer Sicht seine Amtsvollmachten an Volk und Senat zurück. Zu diesem Zeitpunkt hatte jedoch längst Augustus' Adoptivsohn **Tiberius**, der von 14 – 37 regierte, die wichtigsten Amtsvollmachten durch den Senat empfangen. Vor allem hatte er die zum Regierungswechsel wichtige militärische Befehlsgewalt in seiner Hand. Schließlich fiel die letzte Entscheidung über die tatsächliche Herrschaftsmacht erst in den Lagern der Truppen, als die Soldaten den Treueeid leisteten.
Dieses Adoptionsprinzip zur Nachfolgeregelung nutzten auch spätere römische Kaiser. Es wurde zur Tradition, die herausragenden Qualitätsmerkmale der vorgesehenen Thronanwärter dadurch nachzuweisen, dass sie bereits zu Lebzeiten des Kaisers mit militärischen und politischen Aufgaben betraut wurden.

Kalender: Unser Kalender ist römischen Ursprungs. Julius Caesar hat die Wirrnis vorangegangener Zeitzählung beseitigt. Nach seiner Kalenderreform löste das Sonnenjahr das Mondjahr ab. Schalttage bereinigten die Differenzen zwischen Kalenderjahr und Sonnenjahr. Dieser **Julianische Kalender** ehrte seinen Schöpfer im Monatsnamen „Juli". Der Monatsname „August" erinnert an Kaiser Augustus. Im Jahr 1582 wurden durch Papst Gregor XIII. kleinere Fehler des Julianischen Kalenders ausgeglichen. Mit dieser Korrektur gilt er bis in die heutige Zeit.

Trajan ließ die Erfolge seiner Eroberungsfeldzüge auf Stein meißeln. Auf 200 Metern Länge dokumentiert der spiralförmige Bilderstreifen der **Trajanssäule** *den Sieg über die Daker im heutigen Siebenbürgen. Diese Ehrensäule war auch Grabmal, denn in ihrem Sockel wurde die Asche des Kaisers eingebettet.*

Wahn oder Herrschaftsanspruch?

„Caesarenwahnsinn"

Die grenzenlose Machtfülle des Prinzipats stellte für jeden Amtsinhaber eine gefährliche Versuchung zum Missbrauch dar. Dazu verleitete auch die geradezu unterwürfige Haltung des Volkes gegenüber seinen Herrschern. Manche Kaiser verfielen daher selbst der Annahme, dass sie göttliche Wesen seien und Anspruch auf entsprechende Verehrung hätten. Vor allem die Exzesse und Gräueltaten des **Caligula** (37 – 41) und des **Nero** (54 – 68) sind bis heute geradezu sprichwörtlich. **Domitian** (81 – 96) und **Commodus** (180 – 192) standen ihnen nur wenig nach.
Heute fassen wir diese Ausschweifungen unter dem Phänomen des „Caesarenwahnsinns" zusammen. Im Fall Domitians mündete das Trachten nach absoluter Herrschaft in Kaisermord. Die anschließende Wahl des Senators **Nerva** (96 – 98) leitete die Zeit der so genannten **Adoptivkaiser** ein. Ihr Herrschaftsanspruch gründete sich allein auf den Nachweis herausragender Leistungen. Das humanitäre Kaisertum eines Nerva oder **Trajan** löste sich von den selbstherrlichen Attitüden ihrer Vorgänger und suchte den Einklang mit der Tradition und der augusteischen Ordnung. „Der Prinzeps steht nicht über dem Gesetz, sondern die Gesetze über ihm", frohlockte Plinius über die scheinbare Selbstbeschränkung kaiserlicher Macht. Ein Kaiser wie Trajan setzte seine immer noch enorme Machtfülle nicht mehr im eigenen Interesse ein, sondern hatte das Wohl des Reiches als oberstes Ziel.
„Hüte dich davor zu verkaisern", warnte **Mark Aurel**, der als Philosoph selbst den Thron der Caesaren einnahm (161 – 180), im Hinblick auf seine Vorgänger. Gerade er aber machte erstmals einen leiblichen Sohn zu seinem Nachfolger und versuchte so, eine dynastische Erbfolge durchzusetzen.

Das Weltreich

Die Kaiser, die Augustus nachfolgten, verpflichteten ihre gewaltige Heeresmacht vor allem der strategischen Sicherung der Reichsgrenzen. Ihre militärischen Offensiven galten überwiegend der Unterwerfung und Sicherung von Grenzgebieten. Erst Trajan wagte wieder einen Eroberungskrieg gegen die Parther. Dabei wurde Armenien und das Zweistromland erobert, gleichzeitig aber die militärischen Kräfte des Römischen Reichs nahezu erschöpft. **Hadrian** (117 – 138) verzichtete dann auf diese eroberten Provinzen und kehrte zur Defensive zurück. Die Regierungszeit Hadrians und **Antonius Pius'** (131 – 168) galten wieder als Beginn eines „goldenen Zeitalters", in dem Wirtschaft und Wohlstand aufblühten. Während der folgenden Regierungszeit Mark Aurels wurde das Römische Reich durch Angriffskriege der Parther, Markomannen, Quaden und Jazygen an den Reichsgrenzen bestürmt. Als Friedenskaiser angetreten, konnte Mark Aurel diesen Anspruch nicht verwirklichen. Er verbrachte die meiste Zeit seiner Herrschaft bis zu seinem Tod im Jahre 180 auf Feldzügen zur Verteidigung der Landesgrenzen.

Kaiser **Hadrian** *(117-138) entfaltete – in Anlehnung an Augustus – eine große Bautätigkeit. Bereits zu Beginn seiner Regierungszeit initiierte er den Bau des* **Pantheons**, *dessen künstlerisches wie technisches Niveau noch heute beeindruckt. Von außen konnte das Pantheon als normaler, im Rechteck gebauter Tempel erscheinen. In Wahrheit aber zeigt sich ein imposanter Rundbau, dessen mächtige Kuppel im Durchmesser 43 Meter misst und bis heute unversehrt erhalten ist.*

Ein Weltreich für die Ewigkeit

Unüberbrückbar schien zunächst die Kluft, die das Imperium Romanum in Römer, Griechen und Barbaren teilte. Das Missverhältnis zwischen dünner Erobererschicht und den Massen der unterworfenen Völkerscharen sowie der riesigen Weite des Herrschaftssystems ließ sich allein durch militärische Macht nicht regulieren. Über die Qualität und die Dauer der Herrschaft entschied letztlich das Verhältnis zur besiegten Bevölkerung. In der Überwindung der zivilisatorischen Gegensätze bildete die Verstädterung der barbarischen Provinzen ein wesentliches Element. Die Überantwortung wichtiger Herrschaftsaufgaben wie Verwaltung, Rechtsprechung und Steuereintreibung an ein gefügiges und loyales Stadtregiment hatte sich im Osten längst bewährt. Da weder der Norden noch der Westen des Reiches städtische Strukturen, Verkehrswege oder übergeordnete Herrschaftsformen kannte, fiel gerade in diesem Raum die Entscheidung über den Bestand der römischen Herrschaft mit dem Erfolg oder Misserfolg der Urbanisierung. Der Neugründung von Städten kam somit die Aufgabe zu, militärische und soziale Präsenz zu sichern. Die Städte im lateinischen Westen formten sich so nach den Vorgaben der römischen Munizipien oder Kolonien. Schließlich verinnerlichte die einheimische Bevölkerung die importierte Lebensart und Denkweise. So formte sich in den fernen Regionen eine städtische Gesellschaft, die mit lateinischer Sprache und römischen Verwaltungseinrichtungen samt Rechtsordnung vom Zentrum der Stadt nach dem Willen Roms auch das flache Land regierte. Als Kaiser **Caracalla** im Jahre 212 die gesamte freie Reichsbevölkerung mit dem römischen Bürgerrecht ausstattete, fand die Integrationspolitik einen Abschluss. Auf dem Höhepunkt seiner Macht schuf das Imperium Romanum so vom gesamten Mittelmeerraum bis nach Britannien und an den Rhein eine kulturelle Einheit von bisher unerreichtem Ausmaß.

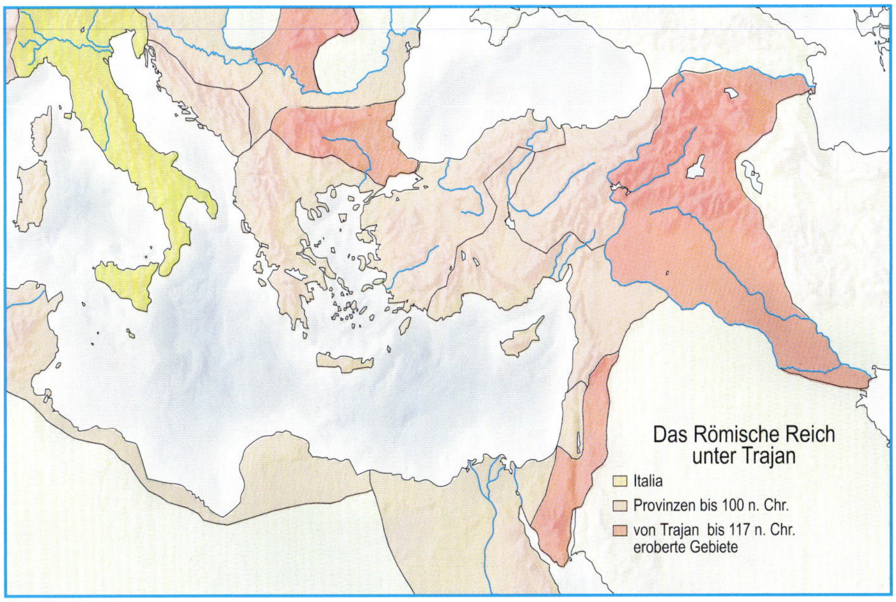

Latein – eine europäische Sprache

In alle Himmelsrichtungen hatten die Römer ihre Sprache während der zahlreichen Kriegszüge gestreut. Latein eroberte das Mittelmeer und weite Teile Westeuropas. Das Imperium Romanum überlebte die späteren Stürme der Völkerwanderung nicht, wohl aber die lateinische Sprache. Ihr entsprangen die heutigen romanischen Sprachen: Französisch, Italienisch, Portugiesisch, Rumänisch und Spanisch. Außerdem wurde Latein zur Sprache der Kirche, der Wissenschaft und der Diplomatie und schließlich zur Verkehrssprache aller Gebildeten in ganz Europa. Weit über das Mittelalter hinaus bis zum Anfang des 20. Jahrhunderts bewahrte die lateinische Sprache ihre Funktion als die Gelehrtensprache des Abendlandes.

Die Reichskrise im 3. Jahrhundert

Der Zusammenbruch

Am Ende des zweiten Jahrhunderts n. Chr. erfasste eine tiefgreifende Krise alle Bereiche der römischen Welt – Politik, Wirtschaft und Gesellschaft. Nur unter größten Verlusten bewältigte sie noch den Ansturm der Barbaren. Die andauernden Kriege erschöpften die finanziellen Ressourcen und zerrütteten die allgemeine Wirtschaftskraft. Eine Inflation überrollte das Imperium. Sie bewirkte einen teilweisen Rückfall in die Naturalwirtschaft. Der Staat erhöhte die Steuern drastisch und knebelte so Bauern und Städte, die sich der plündernden eigenen Soldaten oder der Feinde kaum erwehren konnten. Die Reichsgewalt erlahmte. Die Kaiser lösten einander in schneller Folge ab. Grenzgebiete lösten sich aus dem Reichsverband. Sonderreiche bildeten sich aus. Das ehrfürchtige Bekenntnis des Decius (249 – 251) zum alten römischen Glauben verstärkte die Konfrontation mit dem Christentum. Aus der Krise des 3. Jahrhunderts erhob sich schließlich das spätrömische Reich.

Die Gefahr an den Grenzen

Nahezu gleichzeitig brachen an den weit voneinander entfernten Grenzen des Römischen Reichs Konflikte und Kriege aus. Das Reich der **Sassaniden** (227 – 642) erhob in der Tradition der altpersischen Großkönige Anspruch auf den syrischen und kleinasiatischen Raum. Der römische Kaiser **Valerian** (253 – 260) wurde als Gefangener des neupersischen Königs Schapur I. zum Kniefall gezwungen. Die ständige Bedrohung im Norden an Rhein und Donau erwuchs aus einer Vielzahl von Stammesverbänden wie Franken, Alemannen, Vandalen und Goten. Die ständigen Völkerbewegungen im nord- und mitteldeutschen Raum Richtung Süden ließ die Lage an den Grenzen für die Römer hoffnungslos erscheinen. Errungene Siege wurden in kürzester Zeit zunichte gemacht. Zwischen 250 und 280 verloren die entkräfteten Legionen den Sturm auf Dakien ebenso wie den obergermanisch-rätischen Grenzwall **Limes**. Mehrfache Zerstörungswellen erfassten auch Gallien, den Balkan und Kleinasien und zum Teil auch Spanien und Italien. In den Grenzgebieten übernahmen oftmals lokale Gewalten die Herrschaft. Die Städte verschanzten sich hinter starken Festungsmauern, so auch die Hauptstadt Rom, die sich hinter der gigantischen Aureliansmauer verbarrikadierte. Entsprechend griff die Militarisierung von Staat und Gesellschaft zunehmend um sich.

Mit einer Kapazität von 50 000 Zuschauerplätzen war das römische **Kolosseum** *das größte Amphitheater im ganzen Reich. Der Bau begann nach dem Brand Roms unter Vespasian. Im Jahre 80 wurde zu den Einweihungsfeierlichkeiten geladen. Hundert Tage dauerten die Spiele, denen u. a. 5000 Tiere zum Opfer fielen.*

Viele römische Herrscher versuchten, ihre Macht auch durch den Bezug auf religiöse Mythen zu legitimieren. So ließ sich **Kaiser Commodus** *als „Herkules" mit übermenschlichen Kräften darstellen. Später stellte sich u.a. Aurelian (270 – 275) als „Herr und Gott" in den göttlichen Wirkungskreis.*

Die Monarchie im Rüstzeug

Nach der Ermordung des selbstherrlichen **Commodus** (192) zerfiel das Heer erneut in rivalisierende Lager. Nach einem blutigen Bürgerkrieg bestieg **Septimus Severus** den Thron. Offen bekannte er sich zum Bruch mit der Senatsaristokratie. Die kaiserliche Fürsorge galt allein dem Heer. Es stieg, überschüttet mit Privilegien und Geld, zum stärksten Machtfaktor im Staat auf. Trotz dieser militärischen Unterstützung fielen die folgenden Kaiser **Caracalla** (211 – 217), **Elagabal** (218 – 222) und **Severus Alexander** (222 – 235) Attentaten zum Opfer. In dieser Zeit schwerer außenpolitischer Belastungen erhöhte sich zusätzlich das innere Chaos: In einer anarchisch anmutenden Zeit wechselten sich rasch mehr als zwanzig Heerführer auf dem Kaiserthron ab. Keinem von ihnen gelang es, die rivalisierenden Heeresverbände dauerhaft an sich zu binden. So wurden die Residenzen und Hauptquartiere an der Front zu den Zentren wichtiger Entscheidungen, nicht mehr die Kaiserpaläste. Als bloßer Spielball der militärischen Gewalten starb fast jeder dieser Soldatenkaiser eines gewaltsamen Todes. Erst unter der Herrschaft **Aurelians** (270 – 275) erlangte das Imperium seine territoriale Einheit wieder zurück. Durch die Einrichtung eines neuen Staatskults für den Sonnengott bettete Aurelian die Monarchie in ein gewandeltes ideologisches Fundament.

Rost und Eisen

Für Cassio Dio markierte der Tod Mark Aurels das Ende eines Goldenen Zeitalters und den Beginn einer Epoche von „Rost und Eisen". Die Einfälle der Barbaren, Bürgerkriege, Usurpationen und Plünderungszüge schienen das Weltenende bereits besiegelt zu haben. Lebensmittelknappheit, Geldentwertung, Preisanstieg, Abgaben- und Steuerdruck und der Niedergang von Handel und Gewerbe belasteten vor allem die Masse der ärmeren Bevölkerungsschichten, die zudem die finanzielle Last der Kriege und des wachsenden Verwaltungsapparates zu tragen hatten. Ungeschmälert hingegen blieb die wirtschaftliche Macht der Senatoren. Seit ihrem Abrutsch in die politische Bedeutungslosigkeit stillten sie ihren Machthunger in Form von Grundbesitz mit zuweilen gigantischen Ausmaßen. Diese Latifundien entwickelten sich zu selbstversorgenden Großbetrieben, in denen die kaiserliche Autorität ihre Gültigkeit nur schwer verteidigen konnte. Mit der Unterordnung von Bauern, Pächtern und Lohnarbeitern unter die mächtigen Landbesitzer waren die Weichen für die selbstständigen Grundherrschaften des Mittelalters gestellt. **Diokletian** band das Kleinbauerntum per Gesetz an das jeweilige Landstück und schob so der Landflucht den letzten Riegel vor. So wurde die bäuerliche Hörigkeit zum Faktum der spätantiken Welt.

Kaiser und Gott: Trotz vieler entsprechender Versuche der römischen Kaiser gewöhnten sich die Römer erst im späten 3. Jahrhundert an die himmlische Verehrung ihrer Monarchen. In einer von Krisen geschüttelten Zeit stärkte die Erhebung der Kaiser zum Gott das ideologische Fundament der Monarchie. Die Vorstellungswelt der Römer kannte eine Vielzahl von Göttern, deren Kreis ständig erweitert wurde. So konnte der Kaiserkult ohne Angriff auf bisherige religiöse Praktiken verwirklicht werden. In der Fürbitte für den göttlichen Monarchen maß sich die Kaisertreue der Untertanen. Fromme Christen konnten jedoch keinen anderen Gott dulden und verweigerten daher die Huldigung des Kaisers. Diese Weigerung machte sie zu Hochverrätern und gab Anlass zu vielfacher Verfolgung.

Die Sitte, blutige Wettkämpfe zum Zeichen der Trauer auszutragen, stammte wohl aus Etrurien. In Rom verlor das **Gladiatorenspiel** *seine ursprünglich religiöse Bindung und trat als öffentliche Versammlung in den Dienst des Staates.*

Sklaven und Gladiatoren

Der Sklavenhandel im alten Rom

Aus allen Himmelsrichtungen waren die Ströme des Sklavenhandels ins Reich geflossen. Aller persönlichen Rechte entblößt, juristisch einer Sache gleichgestellt, unterlagen die Sklaven der unumschränkten Verfügungsgewalt ihrer Käufer. Immer und überall in der Geschichte schöpfte die Sklaverei aus Krieg und Menschenraub, wozu die Zeit der großen Expansionen unbegrenzt Gelegenheit gab. Ganze Heere und Städte schickten die römischen Sieger unter das Joch persönlicher Unfreiheit. Bald entdeckten auch skrupellose Seeräuber den Menschenhandel als lukrative Einnahmequelle und machten Jagd auf alles Menschliche. Auf Delos, dem Zentrum des Sklavenhandels, betrug der Tagesumsatz oftmals viele Tausende, deren Arbeitskraft in der Latifundienwirtschaft unentbehrlich geworden war. Man schätzt, dass der Sklavenanteil teilweise knapp die Hälfte der siebeneinhalb Millionen starken Bevölkerung Italiens betrug. Erst als das gesättigte Weltreich auf weitere Expansionszüge verzichtete, versiegte auch die Quelle der Kriegsgefangenen, die als Sklaven auf den Märkten des Reiches feilgeboten wurden. Hatten die Sklaven ein bestimmtes Alter erreicht, bestand auch Aussicht auf Freilassung. Bereits die Söhne eines Freigelassenen genossen den Status eines römischen Bürgers.

Panem et circenses – Brot und Spiele

Das römische Volk kehrte in den Zeiten innenpolitischer und außenpolitischer Wirrnis dem öffentlichen Leben zunehmend den Rücken zu und verfiel in politische Apathie. Es gab auch keine Möglichkeiten zur Mitsprache und zur Mitentscheidung in öffentlichen Angelegenheiten wie zu Zeiten der römischen Republik. Die Forderungen des Volkes reduzierten sich daher auf kostenloses Getreide und prächtige Spiele. So formuliert der zeitgenössische Satiriker Juvenal über sein Volk:

> *„Schon lange, seitdem es keine Stimmen mehr zu verkaufen gibt, hält es sich fern von (politischen Sorgen). Einst verlieh es Feldherrnamt, fasces, Legionen, alles – jetzt begnügt es sich und hegt nur zwei Wünsche: panem et circenses!"*

So wurden Geld- und Getreidespenden, aber auch der freie Eintritt zu Wagenrennen, exotischen Tierhetzen und Gladiatorenkämpfen der Preis, den Herrscher für die Gunst der Millionenstadt zu zahlen hatten.

Dabei wurden die Spektakel in den Amphitheatern, wo Gladiatoren gegen wilde Tiere und gegeneinander kämpften, zu einer makabren römischen Unterhaltungskunst. Im Umgang mit Schwert und Säbel erhielten Kriegsgefangene, Sklaven oder Schwerverbrecher vor ihrem Auftritt in der Arena sogar eine eigene Ausbildung, und man scheute nicht die Kosten für den Fang und den Unterhalt wilder Tiere, die man aus Afrika herbeischaffte, aber auch aus den Wäldern Germaniens.

Straflager für Ackersklaven nach der Arbeit. Vielfach wurden die **Sklaven** *nach etlichen Jahren freigelassen. Ihre Nachkommen galten als römische Bürger.*

Die Spätantike

Das Reich der Spätantike

Aus der Krise von Gesellschaft, Politik, Wirtschaft formte sich ein neues Zeitalter: die **Spätantike**. Der absolute Herrschaftsanspruch von Diokletian oder Konstantin löste das Kaisertum endgültig und öffentlich aus seiner traditionell republikanischen Bindung. Eine straffe Organisation der Regierungsgewalt, staatliche Kontrolle und gesetzlicher Zwang bestimmten alle Lebensbereiche. Mit der Einführung des Hofzeremoniells und der späteren Durchsetzung des Christentums als Staatsreligion schuf die Spätantike wichtige Grundlagen für den Fortgang der europäischen Geschichte. In Ost und West geteilt, verlor das Imperium seine Einheit. In der Zeit der Völkerwanderung errichteten Germanen auf den Trümmern des Westens ihre Königreiche.

Vier Herrscher – Ein Reich

In den Jahren der Unsicherheit und des Bürgerkrieges schien allein eine stabile Zentralgewalt die Gewähr für Ruhe und Ordnung leisten zu können. Solange aber die verschiedenen Truppen des Reiches wahllos das Recht auf Kaiserwahl beanspruchten, bestand regelmäßig die Gefahr von Usurpation und gewaltsamem Umsturz. Deshalb erhob **Diokletian** (284 – 305) potentielle Konkurrenten zu Mitkaisern und damit zu Verbündeten. Als erfolgreicher Feldherr in Gallien erhielt Maximian den Rang eines Augustus. Nach dem Modell der Viererherrschaft vermehrte sich die Reichsspitze um zwei weitere Glieder. Als so genannte Caesaren empfingen Galerius und Constantius Chlorus das Amt untergeordneter Mitherrscher. In einem Dreipunkteprogramm stärkte Diokletian die kaiserliche Macht, aber er teilte die verschiedenen Staatsgewalten. Mit Hilfe einer festen Thronfolgeregelung sollte die Stabilität im Reich auch während der Zeit eines Regierungswechsels gewahrt sein. Die Aufspaltung des Imperiums in vier Herrschafts- und Geschäftsbereiche hatte eher funktionellen Charakter. Dieser Schachzug verschaffte der kaiserlichen Gewalt ein hohes Maß an Mobilität und Präsenz in den weit verstreuten Reichsteilen, wodurch gleichzeitig ein Mittel gegen widerrechtliche Machtergreifungen gefunden schien. Grundsätzlich sollte das Reich kollektiv durch das Viererkollegium regiert werden. Dabei blieben die Caesaren den Kaisern nachgeordnet. Diokletian selbst hatte sich das Vorrecht der Oberherrschaft vorbehalten. In Wirklichkeit aber steuerte die neue Ordnung auf die Reichsteilung zu. Planmäßig traten Diokletian und Maximian an demselben Tag des Jahres 305 zugunsten der beiden Caesaren von ihren Ämtern zurück. In den Rang eines Augustus aufgerückt, wählten Constantius und Galerius ihrerseits zwei Mitherrscher. Verloren ging der Geist Diokletians, als die neue Ordnung an dem machtpolitischen und dynastischen Ehrgeiz Einzelner scheiterte. Nach mehreren Bürgerkriegen und verschiedenen Zwischenlösungen setzte sich im Jahre 324 der Sohn des Constantius Chlorus, später bekannt als **Konstantin der Große** (324 – 337), als Alleinherrscher durch. Konstantin bestimmte nun nicht mehr den Tüchtigsten, sondern seine Söhne zu Mitkaisern und Nachfolgern.

Die diokletianische Verfassung

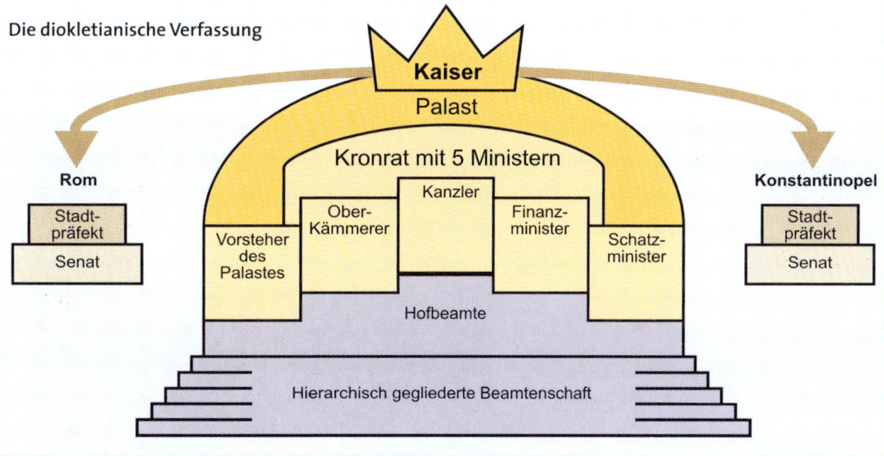

Darstellung der **Konstantinischen Schenkung***: Die Christen standen bei* **Kaiser Konstantin** *in besonderer Gunst. Er zog unter christlichem Banner in seine Schlachten. Angeblich soll Konstantin dem Bischof von Rom die Herrschaft über das Abendland verliehen haben.*

Der Niedergang des Römischen Reiches

Der spätantike Verwaltungsstaat

Konstantin führte Diokletians Reformen fort. In strenger Trennung von militärischer Kommandogewalt und ziviler Administration entstand ein mustergültig organisierter Beamtenstaat, dessen zentralisierter Aufbau bis weit in das Mittelalter hinein Wirkung zeigte. Steuern und Abgaben wurden neu geregelt. Die Steuereinziehung übernahmen die Statthalter, deren Tätigkeitsbereich auch die Rechtsprechung und das Polizeiwesen umfasste. Heermeister und Präfekten unterstanden direkt der kaiserlichen Zentralregierung. Italien verlor seine Sonderstellung, als es in das System der über hundert Provinzen gleichberechtigt eingegliedert wurde. Trotz aller Aufteilungen konnte die Gewalt des Kaisers reglementierend in alle Bereiche der römischen Welt eingreifen.

Der Sieg der Christenheit

Seit Kaiser Nero waren die Christen eine verfolgte Minderheit im römischen Reich. Vor allem die von behördlicher Seite überwachten Opferzeremonien zur göttlichen Verehrung der Kaiser brachten die Christen in unlösbaren Konflikt mit ihrem Glauben. Trotz weiterer blutiger Verfolgungen setzte sich die christliche Lehre immer mehr durch. Konstantin hatte längst die politische Kraft jener Glaubensgemeinschaft erkannt, die zur damaligen Zeit ca. 15 % der Reichsbevölkerung umfasste. Im **Toleranzedikt** des Jahres 313 zog Konstantin die Konsequenz: Reichsweit proklamierte Religionsfreiheit und der Übertritt des Kaisers selbst zum christlichen Glauben trugen dazu bei, dass immer mehr Römer Christen wurden. Das Verbot heidnischer Opfer durch Kaiser **Theodosius** (379 – 395) besiegelte die Verknüpfung des römischen Reiches mit dem Christentum. Prächtige römische Tempel und Heiligtümer und religiös fundierte Einrichtungen wie die Olympischen Spiele fielen dem christlichen Glaubenseifer zum Opfer.
Nach der Teilung des Reiches in eine Ost- und eine Westhälfte behauptete das oströmische Reich auch während der Zeit der Völkerwanderung seinen christlichen Charakter. Dieser erlag dann jedoch ab dem 7. Jh. zunehmend dem Vormarsch des Islam. Die Christianisierung Westeuropas wurde durch die Taufe des fränkischen Königs **Chlodwig I.** im Jahr 498 in Reims unterstützt.

Die **Hagia Sophia***, das bedeutendste Bauwerk byzantinischer Kunst, wurde nach der Eroberung Konstantinopels durch die Türken in eine Moschee verwandelt.*

Die Reichsspaltung – Das zweite Rom

Konstantin baute die alte griechische Kolonie Byzanz zur neuen Hauptstadt des Reiches aus. Der Regierungssitz, das heutige Istanbul, wurde nach seinem Gründer **Konstantinopel** – Stadt des Konstantin – genannt.
Am Schnittpunkt zwischen Europa und Asien gelegen, entwickelte sich Konstantinopel rasch zum politischen und geistigen Zentrum des griechisch-römischen Reiches. So bewahrte es auch lange Zeit seinen Charakter als christliche Metropole des Ostens, bis zur Eroberung durch die Türken im Jahre 1453.
Der Zerfall des römischen Reiches ließ sich trotz aller Reformen nicht aufhalten. Mit dem Tod des Theodosius I. im Jahr 395 fand eine Spaltung in Ost und West statt: Der oströmische Kaiser residierte nun von Konstantinopel aus. Ravenna wurde Regierungssitz des weströmischen Reichs, das aber bereits im Jahr 476 einging.

Vandalen und Vandalismus
Als germanische Volksscharen während des 5. und 6. Jahrhunderts in Rom das prachtvolle Stadtbild zerstörten, verurteilten spätantike Autoren das Geschehene als „blinde Zerstörungswut", die sich über Rom ergossen hatte. Der neuzeitliche Begriff „Vandalismus" ist durch die Erinnerung an die Plünderung Roms durch die Vandalen im Jahre 455 geprägt.

Der Völkersturm

Das Imperium Romanum trat um 375 in die letzte Phase seines Unterganges ein. An dessen Anfang stand der Übertritt germanischer Stämme auf Reichsboden. Lange Zeit glaubte Rom seine Macht an den Grenzen zurückgewonnen zu haben. Die Armee, an Größe vermehrt, geteilt in Grenz- und Feldtruppen, schien als Waffe gegen die Barbaren ausreichend reformiert. Die Dämme der Reichsverteidigung aber zerbrachen an der erneuten **Invasion der Germanen**. Mit dem Überfall der Hunnen auf das Reich der Goten im Jahre 375 war das Ordnungsgefüge der alten Welt zerbrochen. Zahlreiche Wellen von Wanderbewegungen ergossen sich nun über jenen Raum, der bis zur Landnahme der Langobarden (568) keine Ruhe mehr finden sollte. Seit dem vernichtenden Sieg über das kaiserliche Heer bei Adrianopel (378) lagen die Provinzen südlich der Donau offen. Immer mehr Völkerscharen strömten nun auch mit machtpolitischen Ansprüchen in das Reich. Zum Schutze Italiens verließen die Grenztruppen ihre Stellungen in Britannien und am Rhein. Mit dem Einströmen der Vandalen, Alanen und Sueben war der Westen des Imperiums nicht mehr zu halten. Die Vandalen ließen sich in Nordafrika nieder. In Italien, Spanien und Frankreich gründeten Ost- und Westgoten sowie Franken eigene Königreiche. Unter König Alarich hatten gotische Horden sogar Rom gestürmt. Es sollte dem Westreich nicht mehr gelingen, sich aus eigener Kraft von dem übermächtigen Einfluss germanischer Heermeister und Stammeskönige zu befreien. Nach dem Erlöschen der Theodosianischen Dynastie war **Romulus Augustulus** der letzte Kaiser Westroms, den Odoaker im Jahre 476 ohne viel Aufsehens seines Amtes enthob. Nach Italien zurückgekehrt, riefen die Goten im Jahre 493 **Theoderich** zu ihrem und mit den Römern gemeinsamen König aus.
Der Osten des Reichs war von den Invasionswellen weitgehend verschont geblieben. Das Westreich hingegen hatte schwer unter dem Einfall der kriegerischen und plündernden Volksscharen gelitten. Durch das Christentum als staatstragende Religion wurde jedoch mit der Institution der Kirche eine Fülle des antiken römischen Kulturguts gewahrt.

Das Ostreich: Aufstieg und Fall

Ostrom bewahrte seinen territorialen Bestand und schöpfte neue Kraft, als sich die Lage an der Front entspannte. Kaiser **Justinian** (527 – 565) war von der Idee durchdrungen, das Ostreich wieder mit dem Westen zu vereinigen. Dazu rief er seine Truppen unter dem Banner der „**renovatio imperii**" zu den Fahnen. Es war die letzte Kraftanstrengung Ostroms, im Zeichen der römischen Universalherrschaft das Imperium unter einem von Gott eingesetzten Kaiser wiederaufzurichten. Militärisch gelang die Rückeroberung Nordafrikas, Italiens und Südspaniens. Als eine neue Welle der Völkerwanderung hereinbrach und im Osten die Gefahr einer persischen Offensive drohte, schrumpfte das Reich wieder auf sein Ausgangsgebiet. Der Traum Justinians zerplatzte wie eine Seifenblase. Losgelöst vom Westen folgte Byzanz nun den Wegen seiner eigenen Geschichte.

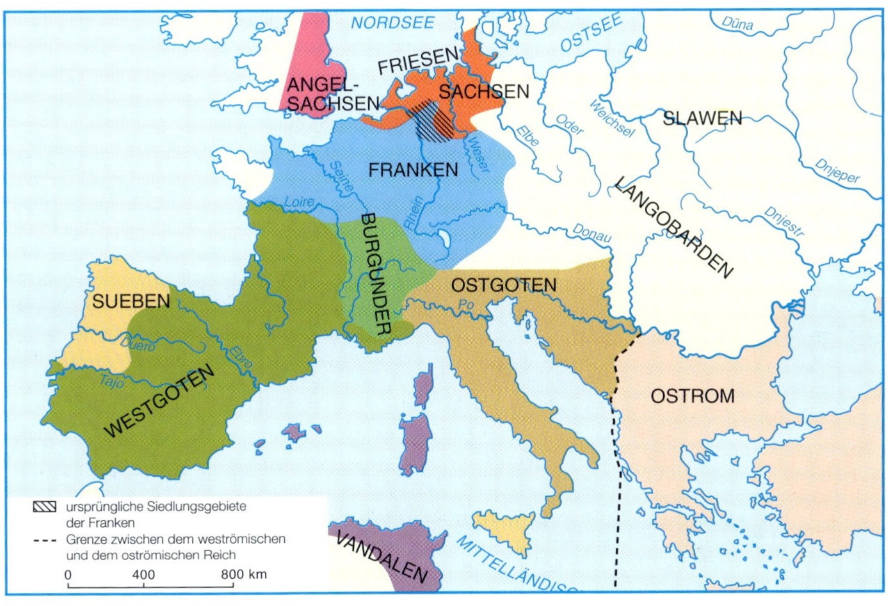

Germanische Reichsbildungen *auf dem Boden des weströmischen Reiches um 500 n. Chr.*

FRÜHES MITTELALTER

Entstehung der mittelalterlichen Welt

„Mittelalter" – was ist das?

Als Mittelalter bezeichnet man traditionell die Epoche, die der Antike folgt. Sie umfasst etwa jene tausend Jahre zwischen dem Zusammenbruch des Weströmischen Reiches (476) und der Entdeckung Amerikas (1492). Diesen langen Zeitabschnitt unterteilt man häufig in das **Frühe Mittelalter** (bis ungefähr 900), das **Hohe Mittelalter** (bis ungefähr 1250) und das **Späte Mittelalter** (bis etwa 1450). Dem Mittelalter folgt dann die so genannte **Neuzeit**.
Eine solche Epochen-Einteilung ist sicher willkürlich. Zwischen der Antike und dem Mittelalter und ebenso zwischen dem Mittelalter und der Neuzeit gab es fließende Übergangszeiten und geschichtliche Entwicklungen, die nicht klar und eindeutig einer bestimmten Epoche zuzuschreiben sind. Sicher ist auch, dass das Mittelalter keine „Übergangszeit" zwischen den Hochkulturen der Antike und denen der Neuzeit darstellt. In vielfältigsten Formen kamen Kunst, Kultur, Architektur, Wissenschaft, Philosophie und Theologie im Mittelalter zu beeindruckenden Ausdrucksformen und Ergebnissen.

Die Quellen der Geschichte
Schon aus dem frühen Mittelalter sind viele schriftliche Unterlagen erhalten geblieben: Chroniken, Biografien, Urkunden, Akten, Briefe, Gerichtsurteile und Gesetzestexte. Sie geben Auskunft über die Lebensverhältnisse der damaligen Zeit und über die genaue Datierung vieler Ereignisse. Auch bildliche Darstellungen und Skulpturen, Wappen und Münzen enthalten häufig geschichtlich verwertbare Informationen.

Die Machtzentren verteilen sich

Die geschichtlichen Entwicklungen des frühen Mittelalters, deren kulturelle Auswirkungen bis heute unser Leben mitbestimmen, spielten sich vor allem im europäischen und im vorderasiatischen Raum ab.
Eine entscheidende Rolle für viele politische Entwicklungen spielt für Jahrhunderte die Entwicklung zweier Weltreligionen: Die katholische Kirche baute das Papsttum aus und rang mit weltlichen Regierungen um Macht und Einfluss. Mit dem Islam entstand im arabischen Raum neben dem Christentum eine zweite monotheistische Religion, die Einfluss und Macht zu erringen versuchte.

Parallel kommt es zum Aufstieg und zum Niedergang verschiedener Völker im europäischen Raum: Das byzantinische Reich verstand sich als Nachfolger des Römischen Reiches und verband römische Staatsstrukturen mit griechischer Sprache und dem christlichen Glauben. Mit den Goten besiedelte erstmals ein germanisches Volk für einen längeren Zeitraum italienisches Gebiet. Das germanische Volk der Langobarden eroberte weite Teile Italiens und bestimmte über einen längeren Zeitraum Kultur und Staatswesen. Fränkische Stämme unter Führung des Fürstengeschlechts der Merowinger errichteten ein Reich im Westen Europas, das später unter Führung der Karolinger stabilisiert wurde.

Aus so detaillierten bildnerischen Darstellungen wie hier auf einem **Wandteppich aus der Normandie** *lassen sich Rückschlüsse auf kulturelle und technologische Gegebenheiten zum Zeitpunkt der Entstehung ziehen.*

Ein einfaches Medaillon kann Informationen über die Vermischung kultureller Einflüsse geben: **Theoderich** *trägt die Kleidung der Byzantiner. Seine Haare sind aber nach der Art der Goten geschnitten.*

Hochkulturen außerhalb Europas

Der historische Blick auf die Antike richtete sich hauptsächlich auf die Geschichte der Griechen und der Römer. Nach dem Zerfall des Römischen Reiches treten nun immer mehr Staaten gleichzeitig ins Rampenlicht der Weltöffentlichkeit. Ihre Entwicklung muss parallel betrachtet werden, selbst wenn man nur die geschichtliche Entwicklung jener Völker und Staaten verfolgt, die bis in unsere Zeit wichtige Impulse für unsere heutige Kultur gesetzt haben.
Dieser einengende „eurozentrische" Blick war Jahrhunderte lang in der Geschichtsschreibung selbstverständlich. Erst mit der Globalisierung der letzten Jahrzehnte wird immer deutlicher, dass selbstverständlich zum selben Zeitpunkt sich auch in außer-europäischen Gebieten Hochkulturen entwickelten, vor allem in Indien und China. Zu diesen Gebieten bestanden schon früh Handelsbeziehungen auf alten Fernhandelsstraßen zu Land und zu Wasser. Vereinzelt kam es zu kulturellen Beeinflussungen und zum Austausch technologischer Erkenntnisse. Bekannt ist, dass die Papierherstellung und die Fabrikherstellung von Schießpulver zuerst in China entwickelt wurden und die Kenntnisse darüber von dort nach Europa kamen.

Chaitya-Hallen, Indien: *Die Architektur der wohl eindrucksvollsten Kultstätte* **Indiens** *aus dem 7. Jahrhundert steht europäischen Bauten des Mittelalters in keiner Weise nach.*

Wissenschaftliche Höchstleistungen auf einem unentdeckten Kontinent

Besonders faszinierend sind die archäologischen Erkenntnisse in neuerer Zeit, die darauf hinweisen, dass in Amerika lange vor seiner „Entdeckung" durch die Europäer Hochkulturen bestanden, deren astronomische und mathematische Kenntnisse die europäischen Fähigkeiten zur gleichen Zeit teilweise deutlich überragten. Das mittelamerikanische Volk der Maya entwickelte eine Schrift, die Bildzeichen, Laut- und Silbenzeichen kombinierte und bis heute nur teilweise entziffert werden konnte. Auch die handwerklichen Fähigkeiten waren erstaunlich. Bestimmte Techniken, die sie zur Herstellung von Keramiken beherrschten, können bis heute nicht nachgeahmt werden.

Die Stadt **Teotihuacán** *war größer als Rom und wahrscheinlich die größte Stadt auf amerikanischem Boden, bevor der Kontinent von den Europäern entdeckt wurde.*
Der Tempelbezirk allein maß 11 Quadratkilometer.

Mittelalter – aber nicht überall

Die Epocheneinteilung in Antike, Mittelalter und Neuzeit kann nur auf den europäischen Raum und Teile Vorderasiens und Afrikas angewandt werden, weil es sich hierbei um Gebiete handelt, die über Jahrtausende hindurch in entsprechenden gleichzeitigen Wechselbeziehungen gestanden haben.
Eine „Antike" gibt es in China ebenso wenig wie ein „Mittelalter" in Amerika.

Ein ungetaufter Bischof

Die enge Verbindung von Staat und Kirche zum Ende des Römischen Reichs hin lässt sich gut am Werdegang von **Ambrosius** (339 – 398) erkennen. Er wurde auf eine Laufbahn im Staatsdienst vorbereitet. Als junger Mann war er Stadthalter der oberitalienischen Provinzen. Aus diesem Amt heraus wurde er – der noch ungetauft war – überraschend zum Bischof von Mailand gewählt.
Später war gerade er es, der erstmals die Unabhängigkeit der Kirche vom Staat forderte und sogar den römischen Kaiser damit bedrohte, ihn aus der Kirche auszuschließen (Exkommunikation). „Der Kaiser steht in der Kirche, nicht über ihr", sagte Ambrosius, der heute als erster der „Kirchenväter" der katholischen Kirche gilt.

Ausbreitung des Christentums

Die Verquickung von Staat und Kirche

Im Jahr 313 gab es erstmals im Römischen Reich Religionsfreiheit. Die bereits bestehende christliche Gemeinschaft erhielt beschlagnahmtes Eigentum zurück. Ihre Bischöfe bekamen nahezu gleiche Rechte wie Senatoren. Höhere Beamtenstellen wurden immer mehr mit Christen besetzt. **Konstantin der Große** schenkte dem Bischof von Rom den Lateranpalast. Er begründete damit die Vorrangstellung des Bischofs von Rom, dem Papst, der damit auch weltliche Macht erhielt.
In den folgenden Jahrhunderten breitete sich das Christentum im Westen in nahezu allen Städten aus. Gleichzeitig kam es in der Kirche selbst immer wieder zu Streitigkeiten über den rechten Glauben. Von der katholischen Kirche mit dem Papst als Oberhaupt spalteten sich andere Gruppierungen ab, so die Ostkirche mit dem Patriarchen von Byzanz als Oberhaupt.
Könige und Kaiser benutzten gleichzeitig die Organisationsstrukturen der Kirche, um in eroberten Gebieten ihren Einfluss zu sichern und zu festigen.
Mit dem Zusammenbruch des weströmischen Reichs und der Auflösung des römischen Senats bekam der Papst als überragende Persönlichkeit der städtischen Hierarchie auch die politische Führung in Rom.

Ab 514 bestimmten die Päpste nicht mehr selbst ihren Nachfolger, sondern sie wurden durch Mehrheitswahl gekürt. Papst **Gelasius I.** (492 – 496) machte einen entscheidenden Schritt zur Trennung von staatlicher und kirchlicher Macht: Er betonte in einem offenen Brief gegenüber dem Kaiser **Anastasius**, dass die Autorität des Papstes und der Bischöfe gleichrangig mit der Autorität der weltlichen Herrscher sein sollte. Auseinandersetzungen über die Ansicht, dass kirchliche und weltliche Macht zusammen und unabhängig die Welt regieren sollen, bestimmten dann für die folgenden Jahrhunderte die Politik in Europa.

Santa Sabina *in Rom ist eine der ältesten christlichen Kirchen. Sie wurde bereits um 430 erbaut. Hier wirkte römische Baukunst im Dienst der sich immer rascher ausbreitenden Staatsreligion.*

Eine besonders beliebte Darstellung des frühen Christentums war die Abbildung von **Christus als gutem Hirten** *– hier als Malerei in den Katakomben, den unterirdischen Treffpunkten der Christen während der Zeit ihrer Verfolgung.*

Die christliche Missionierung

In enger Verbindung von politischem und religiösem Interesse wurden im frühen Mittelalter Völker, die bis dahin noch „Heiden“ waren, missioniert. Mönchsgemeinschaften und einzelnen Mönchen kam hierbei eine besondere Bedeutung zu. Häufig versuchten sie, durch Bekehrung der Führungsschicht eines Volkes sämtliche Mitglieder für das Christentum zu gewinnen.
Als „Apostel der Deutschen“ gilt **Bonifatius** (672 – 754). Er wirkte vor allem in den heutigen Gebieten von Friesland, Thüringen und Hessen. Die Legende sagt, dass er einen germanischen Stamm von der Kraft des Christengottes überzeugte, indem er eine Eiche fällte, die dem Gott Donar geweiht war. Da die erwartete unmittelbare Strafe durch einen Blitzschlag ausblieb, ließen sich die Zuschauer taufen. Im 4. – 6. Jahrhundert wurde der Mittelmeerraum vollständig missioniert, bis zum 9. Jahrhundert folgten Irland, Schottland, Gallien, England, Sachsen sowie die slawischen und die skandinavischen Völker.

Bonifatius *wurde 722 vom Papst zum Bischof geweiht. Gleichzeitig erhielt er den Auftrag, die germanischen Stämme zum Christentum zu bekehren.*

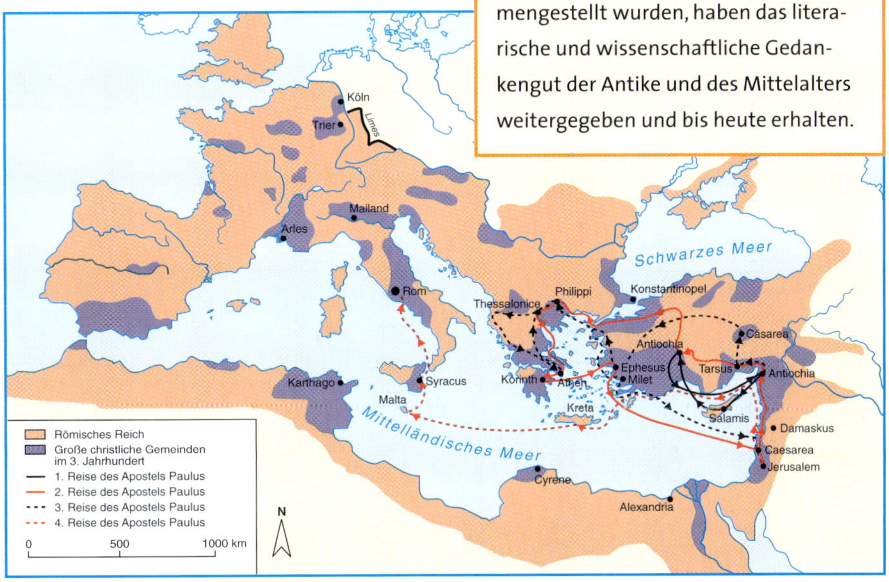

Bereits im 4. Jahrhundert war nahezu der gesamte **Mittelmeerraum** *christlich, aber auch schon Teile Frankreichs und Englands.*

Mönche, Nonnen und Klöster

Wie in allen anderen Religionen gab es auch schon im frühen Christentum Menschen, die sich als Einsiedler in die Einsamkeit zurückzogen und nur für ihren Glauben lebten. Daraus erwuchsen religiöse Gemeinschaften – anfangs nur lose Zusammenschlüsse. Der Mönch **Benedikt von Nursia** (480 – 542) formulierte dann den Grundsatz „ora et labora“ – „bete und arbeite“ – und schuf eine stabile Ordensregel, die zur Grundlage des gesamten abendländischen Mönchstums wurde.
Mönche und Nonnen lebten vorwiegend in Klöstern. Abgewandt von Sorgen um den Erwerb der täglichen Existenzgrundlage konnte man sich in diesen Gemeinschaften mit künstlerischen, literarischen, theologischen, wissenschaftlichen und philosophischen Problemen beschäftigen. Die Texte und Bücher, die in Mönchsgemeinschaften geschrieben und zusammengestellt wurden, haben das literarische und wissenschaftliche Gedankengut der Antike und des Mittelalters weitergegeben und bis heute erhalten.

Eine Woche ohne Sonntag? Manche für uns heute selbstverständlichen Regelungen sind fast 1700 Jahre alt. Wir verdanken sie der Ausbreitung des Christentums. So wurde im Jahr 321 jeder 7. Tag der Woche – der Sonntag – im Römischen Reich zum gesetzlichen Feiertag erklärt. Dieser wöchentliche Feiertag sollte an die siegreiche Auferstehung Christi erinnern. Wenige Jahre später, im Jahr 325, wurde auf einem Konzil ein Beschluss gefasst, wann in jedem Jahr das Osterfest gefeiert werden sollte. Auf demselben Konzil wurde auch beschlossen, dass im Haus eines Geistlichen nur seine Mutter oder seine Schwester als weibliche Personen wohnen dürfen. Dieser Beschluss war ein Vorläufer des noch heute gültigen Eheverbots (Zölibat) für katholische Priester.
Unsere heutige Zeitrechnung **vor Christus** und **nach Christus** wurde bereits im Jahr 525 durch den Mönch Dionysius Exiguus vorgeschlagen. Sie setzte sich aber erst ab 742 zunehmend in Europa durch.

Ein Erbe der Araber – Unsere Ziffern und ihre Schreibweise: Besonders in Spanien und im Mittelmeerraum ist das kulturelle Erbe des islamischen Großreichs bis heute vielfältig präsent. Ein weiteres Erbe der Araber, das die ganze Welt erreichte, sind unsere Ziffern von 1 bis 9. Sie verdrängten in kurzer Zeit die Schreibweise der römischen Zahlen, denn sie ermöglichten die Stellenwertschreibweise und damit eine erhebliche Vereinfachung vieler Rechenverfahren. Entsprechend der arabischen Schreibweise sind deshalb die Zahlen von der kleinsten Stelle zur größten Stelle von rechts nach links gegliedert, also entgegengesetzt unserer gewohnten Leserichtung.

Entstehung und Ausbreitung des Islam

Mohammed – Begründer einer Weltreligion

Im Jahre 570 wurde in der arabischen Stadt Mekka **Mohammed** geboren, der spätere Gründer des **Islam**. Begegnungen mit Juden und Christen während seiner Zeit als reisender Kaufmann bestärkten ihn in der Überzeugung, dass es – im Gegensatz zur bis dahin in der arabischen Welt verbreiteten Überzeugung – nur einen einzigen Gott gäbe.
Im Alter von ungefähr 40 Jahren erschien ihm nach der Legende der Erzengel Gabriel in einer Höhle in der Nähe Mekkas und befahl ihm, den Menschen den „wahren Glauben" zu bringen. Bald verstand er sich als Prophet Gottes, der arabisch „Allah" genannt wird. Anfangs hatte Mohammed nur wenige Anhänger. Dies änderte sich, als er im Jahr 622 von Mekka nach Medina übersiedelte. Mohammed verstand sich bald nicht nur als religiöser, sondern auch als politischer Führer. Er wurde zum Staatsmann und zum Begründer eines islamischen Staates, der von Anfang an zum Ziel hatte, weitere Gebiete zu erobern. In diesem Staatswesen setzte sich noch zu Lebzeiten Mohammeds der **Islam** als eigenständige Religion durch. Mohammed propagierte den „Heiligen Krieg" zur Vergrößerung des islamischen Staatsgebiets. Er selbst verstand darunter aber nicht die gewaltsame Durchsetzung des Islam bei „Ungläubigen".
Schon wenige Jahrzehnte nach seinem Tod spaltete sich der Islam in drei verschiedene Richtungen auf, die bis heute existieren: die Charidschiten, die Schiiten und die Sunniten, die heute mit 92 % den weitaus größten Anteil unter den Moslems bilden.

Mohammeds *Flucht (Hedschra) im Jahr 622 von Mekka nach Medina. Damit begann der eigentliche Siegeszug des Islam.*

Das höchste Heiligtum des Islam ist die ***Kaaba*** *in Mekka. Jeder gläubige Moslem bemüht sich, einmal im Leben hierhin zu pilgern. In einer Prozession wird die Kaaba sieben Mal umrundet und der heilige schwarze Stein geküsst, der in der Mauer eingelassen ist.*

Eine der wichtigsten Bücher der Welt – Im Diktat entstanden
Mohammed wollte seinen Anhängern ein Buch überliefern, das für sie ebenso hohe Bedeutung haben sollte wie für die Juden die Thora und für die Christen die Bibel. Da er selbst wahrscheinlich nur wenig lesen und schreiben konnte, diktierte er den Text für den **Koran**. Weitere Teile wurden über Jahrzehnte nur mündlich überliefert, bis die endgültige Niederschrift im Auftrag des dritten Kalifen, Uthman, durchgeführt wurde. Im Gegensatz zu den grundlegenden Büchern anderer Weltreligionen ist der Koran auf diese Weise gezielt und in sehr kurzer Zeit niedergeschrieben und in seine endgültige Fassung gebracht worden.

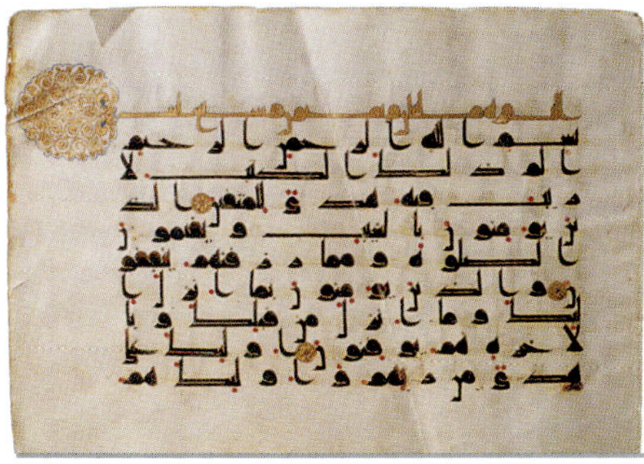

Die Kalligrafie (die Kunst des Schönschreibens) hatte einen hohen Stellenwert in der islamischen Kunst. Aufwendig gestaltete **Koranabschriften** *legen davon Zeugnis ab.*

Die islamische Zeitrechnung

Im Islam wird der Tag der Übersiedlung Mohammeds mit seinem Gefolge von Mekka nach Medina als Beginn der Zeitrechnung angesehen. Das ist der 15. Juli 622.
Ein islamisches Jahr hat als Mondjahr 354 Tage, die in zwölf Monate aufgeteilt werden. Der neunte Monat des islamischen Jahres ist der Fastenmonat **Ramadan**, in dem gläubige Moslems bis heute von Sonnenaufgang bis Sonnenuntergang keine Nahrung zu sich nehmen. Nach unserer Zeitrechnung verschiebt sich der Ramadan in jedem Jahr um 11 bis 12 Tage.

Die Ausbreitung des Islam unter Mohammeds Nachfolgern

Nach Mohammeds Tod im Jahre 632 wurde ein enger Vertrauter des Propheten zu seinem Nachfolger bestimmt, zum **Kalifen von Bagdad**. Dessen Nachfolger, **Omar I.** (634 – 644), begründete das arabische Weltreich. In ihm herrschte der Kalif als Nachfolger des Propheten und im Auftrag Allahs über die Gläubigen. Der militärische Führer (Emir) war gleichzeitig religiöses Oberhaupt (Imam) und Richter (Kadi). Unter Omar I. wurde die gesamte arabische Halbinsel mitsamt allen wichtigen Städten wie Damaskus und Jerusalem besetzt und ins islamische Reich eingegliedert. Ab der Mitte des 7. Jahrhunderts wurde der Sitz des Kalifen nach Damaskus verlegt.
Von Beginn des 8. Jahrhunderts an erfolgte eine zweite große Ausdehnung des islamischen Reichs über Nordafrika. Im Jahr 711 wurden große Teile von Spanien erobert. Daneben umfasste das islamische Reich zu diesem Zeitpunkt die Gebiete vom Arabischen Meerbusen bis zum Kaukasus, ganz Nordafrika, Südfrankreich und die Mittelmeerinseln Mallorca und Menorca, Sardinien und Korsika. Erst im Jahr 732 beendete ein Sieg des Frankenkönigs **Karl Martell** dem Vordringen der Araber in Spanien.

Diese **Moschee** *in Samarra wurde in den Jahren 847 – 852 erbaut. Das spiralförmige Minarett ist typisch für die östlichen Länder des Islam.*

Die **Kalifen** *legten ihre Residenzen schwer auffindbar in der Wüste an. Eine Zisterne im Innern der Anlage sicherte die Versorgung mit Wasser. Die Außenmauern erinnern an römische Kastelle. Die Innenräume waren prächtig gestaltet und mit Mosaiken und Keramikfliesen ausgestattet.*

Eines der neun Heiligtümer des Islam ist der **Felsendom** *in Jerusalem, der bereits in der Frühzeit des Islam zwischen 669 und 691 errichtet wurde.*

Eine Leitwährung im internationalen Geldverkehr

Zu Beginn des 7. Jahrhunderts wurde zusammen mit anderen Verwaltungsreformen im islamischen Einflussgebiet das Münzwesen verbessert. Neue einheitliche Münzeinheiten wurden geschaffen. Ein Dinar bestand aus 4,25 g Gold. Daneben gab es den silbernen Dirham. Sie ersetzten die bisher gebräuchlichen byzantinischen oder sassenidischen Münzen. Die Koppelung des Münzwerts an ein genau definiertes Gewicht der Edelmetalle Gold und Silber trug dazu bei, dass die arabische Goldmünze die gebräuchlichste Währung im damaligen internationalen Handel wurde und damit gewissermaßen eine „Leitwährung" war wie heutzutage der Dollar.

In einer kunstvollen Elfenbeinschnitzerei wird **Kaiser Anastasius** *als mächtiger Herrscher glorifiziert, dem die Welt untertan ist: Neben seinem Kopf schwebt eine Siegesgöttin, zu Füßen des Pferdes ist die Göttin der Erde dargestellt.*

Das Byzantinische Reich

Die Wiederbelebung des Imperium Romanum

Das Oströmische Reich mit der Hauptstadt **Byzanz** (Konstantinopel) wird häufig auch das **Byzantinische Reich** genannt. Bereits vor dem Zusammenbruch Westroms wurden hier durch Kaiser Theodosius II. im Jahr 438 alle kaiserlichen Erlasse seit Konstantin im so genannten „Codex Theodosianus" gesammelt. Einer seiner Nachfolger, **Anastasius I.** (491 – 518) gestaltete das Steuersystem neu und häufte einen ungeheuren Staatsschatz an. Damit löste er innere Revolten aus, die jahrzehntelang anhielten. Er hinterließ das oströmische Reich in erheblicher außen- und innenpolitischer Unsicherheit. **Justinian I.** (527 – 565) gelang es, den römischen Staatsgedanken zu erneuern. Der christliche Glaube wurde endgültig zur Religion der Mehrheit der Bevölkerung. Griechische Kultur und Sprache begannen das Lateinische zu verdrängen. Nachdem große Teile Konstantinopels während einer Revolte durch einen Brand zerstört wurden, drückte sich die neue Entwicklung im Wiederaufbau der Stadt aus. Bauten wie Kaiserforen, Triumphbögen und Siegessäulen, wie sie traditionell zur römischen Stadt gehörten, wurden nicht wieder aufgebaut. Stattdessen prägten zunehmend Kirchen und neugegründete Klöster das Stadtbild.
Außenpolitisch strebte Justinian I. die Wiederbelebung des Imperium Romanum an. In vielfältigen Eroberungen kamen noch einmal weite Teile des Mittelmeerraums unter eine gemeinsame Herrschaft, die von Byzanz aus ausgeübt wurde.

Eine durchsetzungsfähige Frau aus einfachsten Verhältnissen

Selbst in heutigen Königshäusern wäre eine Partnerwahl undenkbar, wie sie Kaiser Justinian getroffen hatte. Gegen den Willen sämtlicher Berater heiratete er Theodora, die früh verwaiste Tochter eines Bärenführers aus dem Zirkus. Nach der Vermählung machte Justinian sie zur Kaiserin. **Theodora** regierte aktiv mit und machte in vielfacher Hinsicht ihren Einfluss auf politische Entscheidungen geltend. Als während eines Aufstands im Jahr 532 Brände in Konstantinopel ausbrachen, war der Kaiser mitsamt seiner Regierung im Palast eingeschlossen. Theodora setzte gegen die Ratschläge aus der engsten Umgebung durch, dass Kaiser und Regierung nicht die Flucht ergriffen und so die Regierungsgewalt behielten.

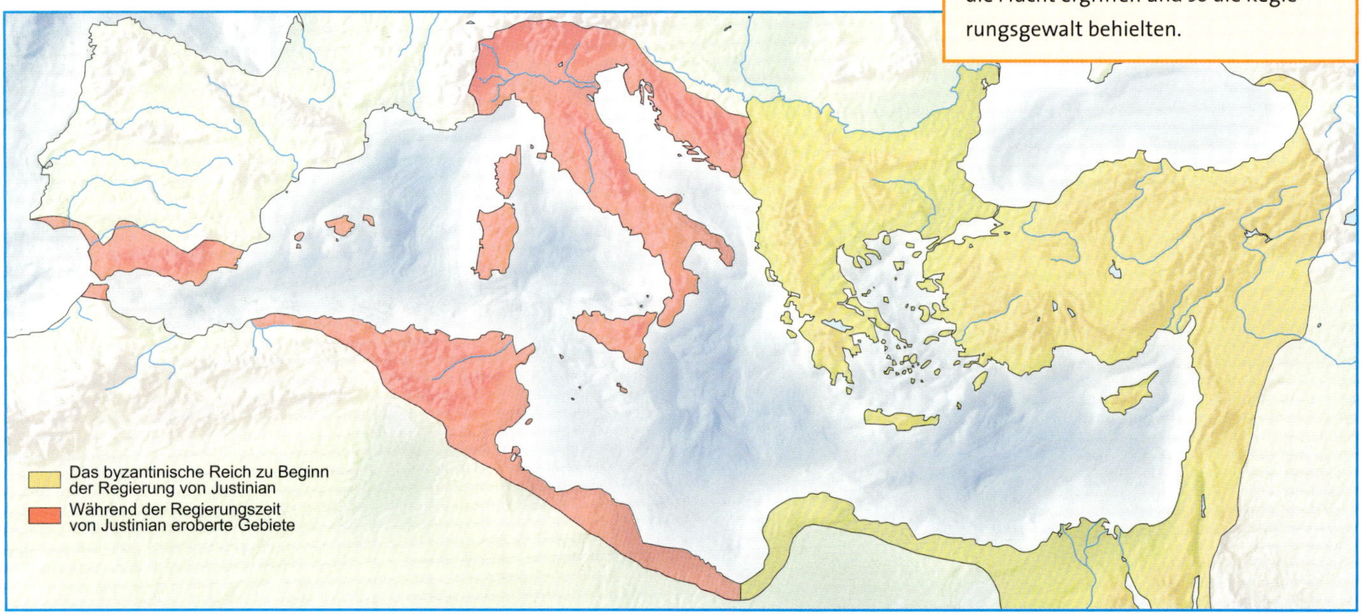

Weite Teile Europas gelangten unter Kaiser Justinian noch einmal unter den einheitlichen Einfluss des **Oströmischen Reichs.** *Trotzdem entstand kein einheitliches Herrschaftsgebiet auf Dauer.*

Die Gemahlin des oströmischen Kaisers Justinian, **Theodora***, gehört zu den wenigen Frauen in der Geschichte, deren enormer politischer Einfluss nie bezweifelt wurde.*

Verteidigungskriege des byzantinischen Reichs

Die rasche Ausdehnung des byzantinischen Reichs unter Justinian I. hatte ohne eine innenpolitisch stabilisierende Neuordnung stattgefunden und war nicht von Dauer. Sowohl im Westen wie im Osten gingen nach Justinians Tod sehr bald wieder viele Gebiete verloren. Danach entwickelte sich das oströmische Reich ohne Anbindung an den Westen weiter. In den Jahren 611 bis 630 wurden unter **Herakleios** (610 – 641) Abwehrkämpfe gegen das angreifende Volk der Sassaniden geführt, die schließlich in einem Friedensschluss und der Rückgabe der eroberten Gebiete durch die Sassaniden endeten.
Mehrere Angriffe der Araber auf Konstantinopel werden unter den Kaisern **Konstantin IV.** (668 – 685) und **Leon III.** (717 – 741) erfolgreich zurückgeschlagen.

Der Bildersturm

Ein ursprünglich religiöses Problem führte über mehr als hundert Jahre – zwischen 711 und 843 – zu dramatischen Auseinandersetzungen im byzantinischen Reich. Die Verehrung von Heiligenbildern war bei weiten Teilen des byzantinischen Volkes zu einem wichtigen Ausdruck der Frömmigkeit geworden. Erstmals unter Kaiser **Konstantin V.** (741 – 775) wurde diese Bilderverehrung geächtet. Heiligenbilder wurden vernichtet. Bilderfreundliche Mönche wurden verfolgt und getötet. Der bereits bestehende Konflikt mit dem Papsttum in Rom verschärfte sich. Mehrere byzantinische Kaiser versuchten vergebens, durch gesetzliche Regelungen Bilderverbote durchzusetzen. Im Jahr 843 beendete die Kaiserin die Auseinandersetzungen, die Zehntausenden von Menschen das Leben gekostet und zahllose Kulturgüter vernichtet hatten. Sie erklärte die Bilderverehrung für rechtmäßig, unter der Voraussetzung, dass die Verehrung der abgebildeten Person und nicht dem Bild gilt.

Das byzantinische Rechtswesen

Der **Codex Theodosianus** von 438 wurde Grundlage für das Staats- und Rechtswesen des Byzantinischen Reichs. Kontinuierlich wurde in den folgenden Jahrhunderten das byzantinische Recht immer mehr an christliche Glaubensvorstellungen angepasst. Gleichzeitig wurden immer wieder alte, nicht mehr praktikable Gesetze ausgesondert und eine neue Rechtsprechung geschaffen, die sich an neuesten Entwicklungen und am praktisch entwickelten Gewohnheitsrecht orientierte. Die Einheit von Staat und Kirche drückte sich daran aus, dass beide ihr Recht in gemeinsamen Sammlungen niederlegten.

Weiträumige Befestigungsmauern mit unregelmäßiger Mauerführung und verstärkten Wehrtürmen an vorspringenden Stellen wurden zum Vorbild vieler späterer **Verteidigungsanlagen**.

Die Aufspaltung des Christentums

Die Entwicklung des byzantinischen Reichs wurde schon früh durch religiöse Auseinandersetzungen innerhalb des Christentums mitgeprägt. **Kaiser Zenon** (474 – 491) versuchte zwar, die religiöse und politische Einheit zu erhalten. Der Patriarch von Konstantinopel Akakios jedoch erkannte Beschlüsse eines päpstlichen Konzils nicht an und wurde vom Papst Felix III. gebannt. Damit bestand seit 484 eine deutliche Spaltung zwischen Westkirche und Ostkirche. Diese war in die Patriarchate Alexandrien, Antiochien, Konstantinopel und Jerusalem gegliedert. Von dort aus erfolgte eine Missionierung in den Gebieten Persiens, Armeniens, Äthiopiens und Georgiens. Theologische Streitigkeiten trugen dazu bei, dass sich immer wieder Teilkirchen abspalteten.

Mit unglaublichem Variantenreichtum gestalteten langobardische Künstler die überlieferten **Flechtornamente** *und fügten nahtlos christliche Symbole ein, wie hier das christliche Kreuz.*

Das Langobardenreich

Ein Germanenstamm erobert Italien

Die Langobarden waren ein ursprünglich aus Skandinavien kommender germanischer Stamm. Nach jahrhundertelangen Wanderungen drangen sie im Jahr 568 unter ihrem König **Alboin** nach Venetien, in die Poebene und in die Toskana ein. In kurzer Zeit wurde das gesamte Oberitalien erobert. Pavia wurde Hauptstadt. Weitere langobardische Stämme gründeten weiter südlich die Herzogtümer Spoleto und Benevent.
Im folgenden Jahrhundert kam es zu einer raschen Vermischung der Bevölkerung, weil die Heirat zwischen Langobarden und den besiegten Romanen nicht verboten war. Die Langobarden übernahmen von der Bevölkerung Italiens zunehmend Sitten und Gebräuche und schließlich auch ihre Sprache. Unter König **Rothari** wurde das langobardische Recht in lateinischer Sprache aufgeschrieben. Trotz dieser Konsolidierung im Inneren gab es vor allem im 8. Jahrhundert eine Reihe von außenpolitischen Konflikten, die in kriegerische Auseinandersetzungen mit Byzanz, mit den Franken und nicht zuletzt auch mit dem Papsttum mündeten. Der letzte Langobardenkönig, **Desiderius** (756 – 774), versuchte, durch geschickte Bündnispolitik päpstliche Gebiete zu annektieren. Der Frankenkönig Karl, der später **Karl der Große** genannt wurde, stellte sich jedoch auf die päpstliche Seite, eroberte langobardische Städte und Festungen in Norditalien und erreichte schließlich im Jahr 774 die langobardische Hauptstadt Pavia. Als Desiderius mit seiner Familie in fränkische Gefangenschaft geriet, war dies das Ende des Langobardenreichs.

Weite Teile Italiens befanden sich unter **langobardischer Herrschaft.**

Heirat als Religionspolitik

Die Langobarden gehörten ursprünglich dem arianischen Christentum an, das in scharfem Gegensatz zur katholischen Kirche mit dem Papst als Oberhaupt in Rom stand. Im Jahr 590 heiratete jedoch der langobardische König **Agilulf** die katholische bayerische Prinzessin Theudelinde. Auf ihr Betreiben traten in den folgenden Jahrzehnten immer mehr Langobarden zum Christentum über, und die Gemeinsamkeiten mit den christianisierten Römern und mit dem mittlerweile wachsenden Kirchenstaat erhöhten sich.

Abstrakte Kunst im frühen Mittelalter

Die langobardische Kunst kannte lange Zeit keine Bilder und Skulpturen. Hervorstechendstes Merkmal sind eine Vielzahl kunstvoll verflochtener Ornamente im zweidimensionalen Raum. Wahrscheinlich hatten sie von Anfang an religiöse Bedeutung und wurden als Ausdruck elementarer Lebenskräfte verstanden. Später wurden allmählich auch christliche Symbole eingearbeitet und mitverwendet. So finden sich viele langobardische Flechtornamente bis heute an den zahlreichen Kirchen und Klöstern aus der Zeit der langobardischen Christianisierung.

Der Alarich-Schatz. Alarich I. hatte vor seinem Tod im Jahr 410 bei der Eroberung Roms große Beute gemacht: goldene Statuen, Silberplatten, Juwelen und Münzen. Angeblich wurde er zusammen mit diesen Schätzen auf dem Grund des Flusses Busento begraben, der dazu von den westgotischen Soldaten vorübergehend umgeleitet wurde. Immer wieder gibt es ernsthafte Versuche, das Alarich-Grab zu finden und den Schatz zu heben. Da der Busento seit Alarichs Tod seinen Verlauf gewechselt hat und heute nur noch ein kleiner Bach ist, ist das keine völlig unwahrscheinliche Möglichkeit.

Westgotisches und Ostgotisches Reich

Die Westgoten

Im 3. Jahrhundert hatte sich das germanische Volk der Goten in zwei Teile gegliedert. Die **Westgoten** unter ihrem Führer **Alarich I.** (370 – 410) besetzten griechische Provinzen und überfielen im Jahr 401 auch Italien. Alarich nahm im Jahr 410 Rom ein und zog nach tagelangen Plünderungen wieder ab. Kurz darauf starb er.

Seinem Schwager und Nachfolger **Athaulf** stand wie viele andere Westgoten dem Römischen Reich eigentlich wohlgesonnen gegenüber. Er stellte sich eine Erneuerung der politischen Organisation des Römischen Reichs unter einem gotischen Kaiser vor. Damit hatte er jedoch keinen Erfolg. Innerhalb Italiens wurden nach dem Überfall auf Rom keine Germanen mehr geduldet. Die Westgoten zogen sich nach Südfrankreich und Spanien zurück. Dort gründeten sie das **Tolosanische Westgotenreich** mit der Hauptstadt **Toulouse**. Es war das erste selbstständige germanische Reich auf ursprünglich römischem Gebiet.

Um 475 wurde nahezu ganz Spanien von Westgoten regiert. In den folgenden Jahrzehnten war dieses riesige Gebiet aber nicht mehr zu halten. Das Westgotenreich in Spanien ging im Jahr 711 unter, als der letzte Westgotenkönig **Roderich** in einer Schlacht gegen die Araber umkam.

Die Ostgoten

Der ostgotische König **Odoaker** hatte im Jahr 476 den letzten weströmischen Kaiser Romulus abgesetzt und regierte danach als selbstständiger Regent. Dabei wurde er vom römischen Senat und vom Papst unterstützt. Unter seinem Nachfolger **Theoderich dem Großen** (493 – 526) entstand ein selbstständiges Ostgotenreich, das nominell dem Oströmischen Reich eingegliedert war. Theoderich der Große versuchte, freundschaftliche Beziehungen sowohl zum byzantinischen Reich wie auch zu den anderen Germanen herzustellen. Er war zu seiner Zeit der einzige Staatsmann, der nicht vorrangig die Erweiterung des Herrschaftsgebiets anstrebte, sondern die Herstellung friedlicher Beziehungen zwischen verschiedenen Staaten. Dabei berücksichtigte er allerdings nicht **die Franken**, deren Macht zu dieser Zeit immer größer wurde. Der Staat der Ostgoten wurde im Jahr 553 im Kampf mit byzantinischen Heeren unter dem Feldherrn **Narses** zerstört.

Noch zu seinen Lebzeiten wurde das Grabmal **Theoderichs des Großen** *gebaut. Ein besonderes architektonisches Gebilde ist die Kuppel, die aus einem einzigen Stein gefertigt wurde.*

Wulfila (311 – 382) *war Missionsbischof bei den Westgoten. Er schuf die erste Bibelübersetzung in eine germanische Sprache. Zwischen 350 und 360 übersetzte er die Bibel ins Gotische. Dazu entwickelte er eigens ein gotisches Alphabet.*

Dieses **Steinrelief** *entstand im 7. Jahrhundert. Die Darstellung der Reiterfigur lehnt sich an antike Traditionen an. Unter ihr befinden sich germanische Tierornamente.*

In einer eigenwillig schlichten Darstellung sagt dieser **Grabstein** *aus der Merowingerzeit etwas über die religiöse Vorstellung der nicht-christlichen Franken aus. Der hier dargestellte Verstorbene ist umgeben von den Schlangen des Totenreichs.*

Das Frankenreich – Die Merowinger

Die dritte Großmacht des frühen Mittelalters

Trotz der zeitweiligen Ausbreitung des Einflussgebiets germanischer Völker wie der Langobarden und der Goten gab es im frühen Mittelalter letztlich nur drei Großmächte, welche die Entwicklung im europäischen Raum grundlegend beeinflussten: das islamische Kalifenreich, das byzantinische Reich und **das Frankenreich.** Sein Aufstieg begann im Jahr 482, als das Kleinkönigsgeschlecht der **Merowinger** innerhalb der fränkischen Stämme besondere Bedeutung gewann. Bis hin zur Ausbreitung eines Großreiches, das unter Karl dem Großen dann nahezu das gesamte Europa umfasste, vergingen fast fünfhundert Jahre. Danach fiel das fränkische Reich auseinander und legte damit die Grundlage für den Beginn einer speziellen deutschen Geschichte.

Vorprogrammierte Konflikte bei der Nachfolgeregelung

Die Nachfolgeregelung im Frankenreich folgte dem alten germanischen Recht. Danach wurde die Regierungsgewalt unter den Söhnen des verstorbenen Herrschers verteilt, nicht jedoch das Reich. Gerade die Königsdynastie der Merowinger zerrieb sich deshalb in endlosen Bruderzwisten um Einfluss- und Machtbereiche. Dabei spielten auch die Frauen der jeweiligen Herrscher entscheidende Rollen. Manche Beschreibung geschichtlicher Ereignisse liest sich deshalb wie das Drehbuch für einen spannenden Film: So veranlasste Mitte des 6. Jahrhunderts die Königin Brunhilde ihren Mann, den fränkischen König Sigisbert von Austrasien, dazu, einen Krieg gegen seinen Bruder, König Chilperich, zu beginnen, weil der seine Frau Galswintha – eine Schwester Brunhildes – ermorden ließ, um seine Geliebte heiraten zu können.

Das fränkische Reich unter den Merowingern

Wie bei allen germanischen Stämmen war bei den Franken die Führungsmacht auf eine aristokratische Schicht verteilt. Herzöge und Kleinkönige herrschten über zahlreiche Stammesgruppen. Das Königsgeschlecht der Merowinger zog ab dem 5. Jahrhundert zunehmend die Macht an sich, bis **Chlodwig I.** (482 – 511) Alleinherrscher über die Franken war. Sie besiedelten den Raum zwischen der Rheinmündung, der Kanalküste und Straßburg sowie den Mittelrhein und das Maingebiet. Durch Chlodwigs Übertritt zum katholischen Christentum konnten die Franken in ihren Auseinandersetzungen mit der Hilfe der katholischen Kirche und des Papstes rechnen. Gleichzeitig übernahm er die römische Verwaltungsordnung sowie die Währung und das Steuersystem des ehemaligen römischen Reichs. Damit legte Chlodwig I., der in Paris residierte, eine Grundlage für die innere Einheit des Frankenreichs.

Ausgrabungen eines **Merowinger-Grabes***: Die Toten wurden für ihren Weg ins Totenreich unter anderem mit Waffen ausgerüstet.*

Klöster als Zentren geistiger und weltlicher Bildung

Das fränkische Merowingerreich war bestimmt durch jahrhundertelange Auseinandersetzungen der Mächtigen untereinander. Der Adel und die Bischöfe als Vertreter der Kirche waren im Allgemeinen zu ungebildet und zu uninteressiert, um sich um kulturelle Belange zu kümmern und sie zu fördern. Zum Träger einer neuen und eigenständigen Kultur, die sich abseits der politischen Streitigkeiten entfalten konnte, wurde deshalb das **Mönchstum**. Unter dem Einfluss irischer Mönche kam es im 6. Jahrhundert im fränkischen Raum zu einer Reihe von **Klostergründungen**. Sie wurden zu Zentren geistiger und weltlicher Bildung. Im künstlerischen Bereich ist besonders die Buchmalerei zu erwähnen. Die Abschriften kirchlicher Texte wurden zunehmend mit fantasievollen Ornamenten geschmückt wurden, in die oft vielfältige Tierdarstellungen eingewoben waren.

Der Majordomus wird mächtigster Mann im Reich

In den Jahren nach Chlodwigs Tod unternahmen seine Söhne eine Reihe von Eroberungskriegen zur Erweiterung des fränkischen Reichs. Sie unterwarfen u.a. das Thüringerreich (531) und das Burgunderreich (533). Auch die Bayern befanden sich ab der Mitte des 6. Jahrhunderts in Abhängigkeit vom Frankenreich. Im Inneren des Reichs verloren die fränkischen Könige durch ihre ständigen Machtkämpfe immer mehr an Einfluss.

Die Macht des Adels und ebenfalls der Bischöfe erstarkte, und sie gründeten auf fränkischem Reichsgebiet halb selbstständige Herrschaftsbereiche. Im Jahr 613 setzten Adel und Bischöfe zusammen die verhasste Königin **Brunhilde** ab. Als Nachfolger wurde **Chlothar II.** (613 – 629) eingesetzt. Von ihm erzwang der Adel weitreichende Zugeständnisse, die im so genannten **Edictum Chlotharii** niedergelegt wurden.

Dieses Edikt bedeutete die Beseitigung eines vom Herrscher abhängigen Beamtentums und die Auslieferung der Staatsgewalt an den Grundbesitzeradel. Das Reich wurde infolge dessen in Grafschaften aufgeteilt, in denen die Grafen eigenverantwortlich zuständig waren für die Gerichtsbarkeit, das Heereswesen und die Finanzen. Der **Majordomus** oder **Hausmeier** genannte Verwalter der königlichen Hofhaltung wurde Leiter der gesamten königlichen Domänenverwaltung. Damit besaß er eine gewaltige Machtfülle und wurde faktisch der mächtigste Mann im Reich. Nachfolgende Könige verloren immer mehr an Einfluss. Bis zum Ende des 7. Jahrhunderts wurde die Stellung der Hausmeier aber so stark, dass nicht nur der König, sondern auch Adel und Kirche gegen ihn nahezu machtlos wurden.

Aus einem Hausmeiergeschlecht, den Arnulfingern, stammte dann auch die fränkische königliche Dynastie, die **Karolinger**, die den Merowingern nachfolgte.

Besonders die **Goldschmiedekunst** *war in der Merowingerzeit hochentwickelt. Vergoldungen und farbenprächtige Gestaltung mit Edelsteinen spiegeln den Reichtum ihrer Besitzer wider.*

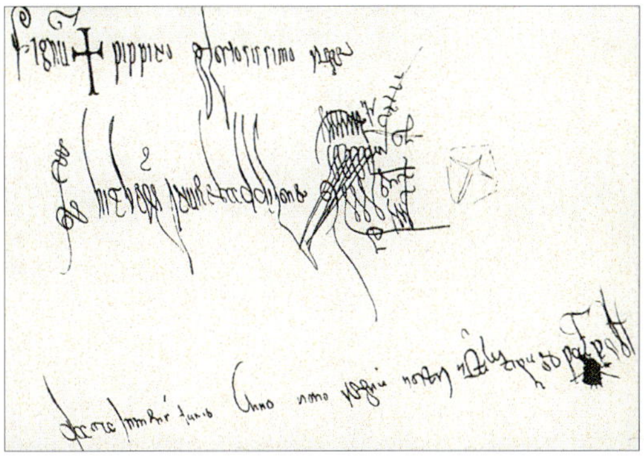

Im Jahre 760 wurde diese Urkunde ausgefertigt, mit der dem Kloster Fulda eine Villa geschenkt wird. Oben links befindet sich die Unterschrift **König Pippins**.

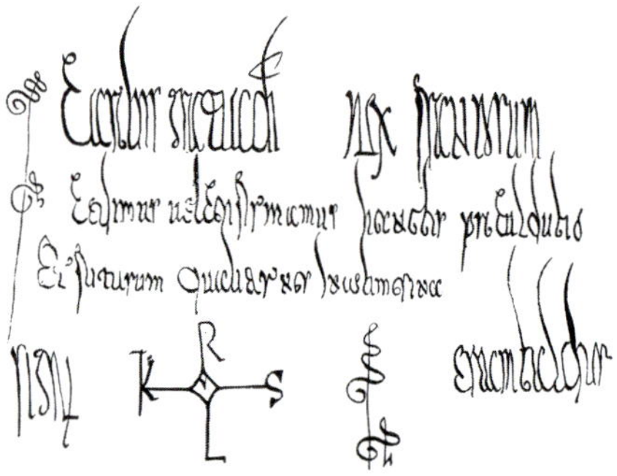

Mit diesem Schriftzug unterzeichnete **Karl der Große** *wichtige Urkunden des fränkischen Reichs.*

Das Frankenreich – Die Karolinger

Die farbenprächtige Darstellung aus späterer Zeit zeigt Karl den Großen bei seiner **Krönung zum Kaiser** *knieend vor dem Papst und drückt damit den Machtanspruch der katholischen Kirche gegenüber dem weltlichen Herrscher aus.*

Das fränkische Reich unter den Karolingern

Der Hausmeier **Karl Martell** war der Begründer des Königsgeschlechts der **Karolinger**. Er selbst war unehelicher Sohn eines Merowingerkönigs. Vor allem nach einem entscheidenden Sieg in der Schlacht gegen das islamische Kalifenreich der Araber zwischen den heutigen Orten Tours und Poitiers (732) baute er seinen Einfluss im fränkischen Reich aus. Ab 737 regierte er allein ohne Merowingerkönig. Sein Sohn **Pippin** herrschte ab 747 allein. Mit Hilfe des Papstes machte er sich im Jahr 751 selbst zum König und nannte sich **Pippin I**. Er unterstützte dafür den Papst in seinen Auseinandersetzungen mit den Langobarden. Pippins Söhne **Karl** und **Karlmann** regierten ab 768 in der Tradition der germanischen Thronnachfolge gemeinsam bis zum Tod Karlmanns im Jahre 771. Danach regierte Karl allein. Ihn nannte man später **Karl den Großen**.

Karl der Große eint und festigt das Frankenreich

Mit Beginn seiner Alleinregentschaft festigte **Karl der Große** durch zielstrebige Außen- und Innenpolitik die Einheit des Frankenreichs. Nach einem erfolgreichen Feldzug krönte er sich mit der Krone der Langobarden. Er band Bayern fester an das Frankenreich und kämpfte dreißig Jahre lang gegen die Sachsen, bis sie seine Herrschaft anerkannten. In Spanien drängte er den Einfluss des islamischen Reiches zurück. In Ungarn vernichtete er das Reich der Awaren. Trotz dieser vielen Eroberungszüge sorgte er gleichzeitig dafür, dass die Grenzen des immer größer werdenden Reichs gesichert wurden.

Mit allen Eroberungen trieb Karl der Große gleichzeitig die Ausbreitung des Christentums voran und setzte es nötigenfalls auch gewaltsam als den allein anerkannten Glauben im fränkischen Reich durch. Unter dem Schutz des Königs wurde die Kirche immer mächtiger. Karl der Große wurde auch Förderer von berühmten Gelehrten und Künstlern seiner Zeit. An seinem Hof in Aachen richtete er eine Palastschule ein, in der die hohen Beamten des fränkischen Reichs im unmittelbaren Einflussbereich des Königs ausgebildet wurden.

Bei der Darstellung des Kaisers kam es nicht darauf an, ein individuelles Portrait zu erstellen, sondern seine Größe und Macht auszudrücken. Daher zeigen diese und andere Darstellungen **Karl des Großen** *sehr unterschiedliche Physiognomien.*

Die Kaiserkrönung Karls des Großen

Am 25. Dezember des Jahrs 800 ließ sich Karl der Große in der römischen Peterskirche von Papst Leo III. zum Kaiser krönen. Damit wurde er in eine Ausnahmestellung über alle Könige erhoben. Mit dieser Krönung erhielt Karl der Große die Hoheit über den vatikanischen Kirchenstaat. Außerdem trat er auch förmlich in die Nachfolge des Römischen Reichs: Das kaiserliche Siegel erhält die Umschrift „Renovatio Romani Imperii" (Erneuerer des römischen Reichs). Diesen Titel hatte davor zuletzt Kaiser Konstantin getragen. Der byzantinische Kaiser Michael I. erkannte erst im Jahr 812 Karls Kaiserwürde an. Diese Anerkennung war Karl dem Großen politisch sehr wichtig, und als Gegenleistung verzichtete das fränkische Reich in einem Vertrag auf Venedig und das dalmatinische Küstenland.

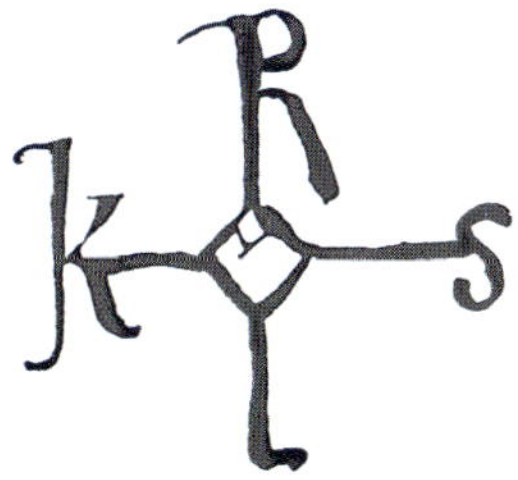

Besonders wichtige **Urkunden** *wurden mit dem jeweiligen* **Siegel** *des Königs versehen, um damit ihre Bedeutung zu dokumentieren.*

Die Geburtsstunde Deutschlands

Mit der Teilung von 870 wurde das fränkische Reich in Gebiete geteilt, die noch heute weitgehend mit den deutschen, französischen und italienischen Grenzen übereinstimmen. Immer häufiger tauchte in Urkunden und Dokumenten der Begriff „deutsch" für die Stämme auf, die im früheren Ostfrankenreich lebten. Im Jahre 919 wählten die Herzöge im ostfränkischen Reich **Heinrich von Sachsen** zu ihrem König. Diesen Zeitpunkt sieht man bis heute als eigentlichen Beginn der deutschen Geschichte an.

Die fränkischen Reichsteilungen

Karl der Große traf selbst frühzeitig Regelungen, um Einfluss auf die gemeinsame Regierung des fränkischen Reichs nach seinem Tod zu nehmen. Er wollte die Herrschaft auf seine drei Söhne verteilen. Streitigkeiten blieben nicht aus, und die offiziellen Würden mit den Titeln Kaiser, Mitkaiser und König spiegelten wider, dass sich immer wieder Regenten untergeordnet fühlen mussten. So entstanden erneut innere Kämpfe um Macht- und Einflussgebiete.

Im Jahr 843 wurde in Verdun dann ein Vertrag besiegelt, der die Teilung des fränkischen Reichs vorsah. Kaiser **Lothar I.** erhielt Italien sowie ein Gebiet, das nördlich der Alpen von Friesland bis zur Provence reichte. **Ludwig der Deutsche** erhielt das Ostfrankenreich, **Karl II. der Kahle** bekam das Westfrankenreich zugeteilt. Bei diesen Grenzziehungen gab es keinerlei Rücksicht auf bestehende Sprachgrenzen.

Lothar I. starb im Jahre 843. Nach mehreren weiteren Teilungen blieb von seinem Einflussbereich das Gebiet Italien. Das übrige Gebiet wurde im **Vertrag von Mersen** im Jahr 870 zwischen Karl dem Kahlen und Ludwig dem Deutschen aufgeteilt.

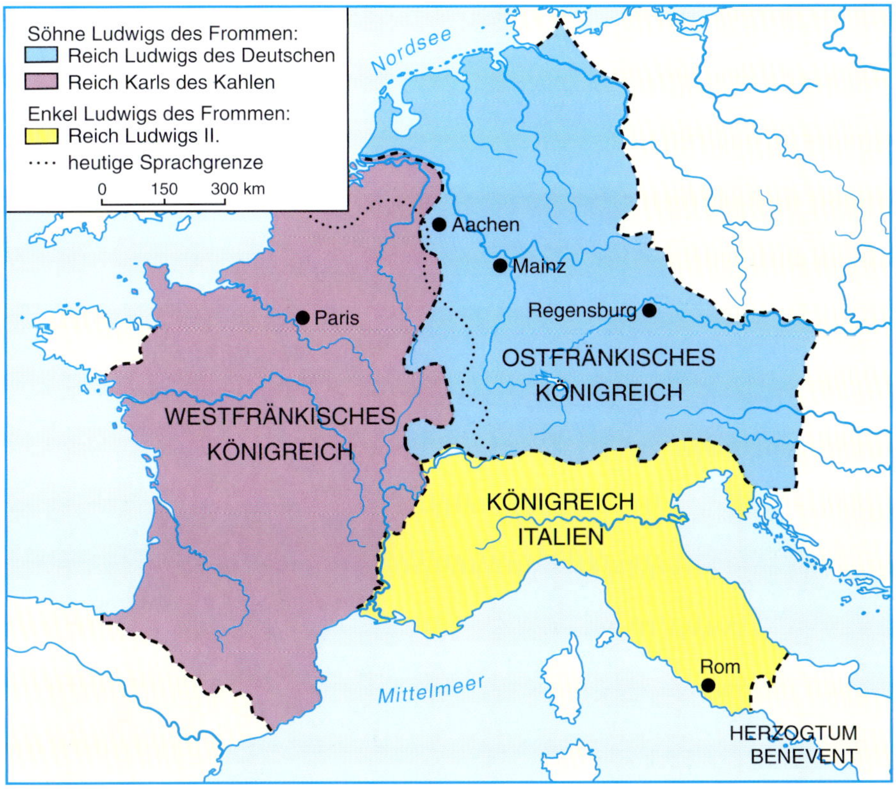

Die Karte zeigt die Teilung des **Frankenreiches** *im Jahre 870, welche die Grundlage für das heutige Frankreich, Deutschland und Italien schuf.*

Eine doppelte Kaiserkrönung

Ludwig, der Sohn Karls des Großen, wurde bereits zu Lebzeiten **der Fromme** genannt. Er stand stark unter dem Einfluss geistlicher Berater und versuchte, den weltlichen und kirchlichen Bereich im fränkischen Reich eng miteinander zu verknüpfen.

An der Unterstützung des Papstes lag ihm nicht nur viel aus machtpolitischen Überlegungen, sondern auch aus religiöser Überzeugung. Deshalb ließ er sich im Jahr 816 vom Papst **Stephan IV.** erneut zum Kaiser krönen, obwohl bereits sein Vater Karl der Große im Jahr 813 bei ihm die Kaiserkrönung vorgenommen hatte.

Ludwigs Kirchenhörigkeit steht im Gegensatz zu späteren Streitigkeiten zwischen Kaisertum und Papsttum um Rang und Vormacht. So beschreibt ein zeitgenössischer Bericht die Begegnung zwischen Ludwig dem Frommen und dem Papst so: „Als sie sich in der großen Ebene von Reims trafen, stiegen sie beide vom Pferd. Der Kaiser warf sich dreimal mit ganzem Körper zu den Füßen des höchsten Bischofs nieder".

HOHES UND SPÄTES MITTELALTER

Die ottonischen Kaiser

Kennzeichen des Hohen Mittelalters

Das Hochmittelalter ist gekennzeichnet durch die Herausbildung europäischer Nationalstaaten. Sie wurden in einem eigentümlichen Gemisch aus Königsherrschaft und Herrschaftsgewalt des Adels regiert. Die politische Gewalt der Herrscher und die geistliche Gewalt der Kirche trennten sich allmählich. Als Symbol dafür ist der Streit darüber anzusehen, wer Päpste und andere geistliche Würdenträger in ihr Amt einsetzte. Trotzdem stand das vom Papst vertretene römische Christentum weiterhin unter dem Schutz des Kaisers. Diesen Titel trug allein der Herrscher der Deutschen. Zwei Dynastien – die **Ottonen** und die **Staufer** – folgten aufeinander.

Ein neuer Stand entwickelte sich: die **Ritter**. Kreuzzüge zur Rückeroberung des Heiligen Landes und die Eroberung von Siedlungsraum im Osten führten zu nachhaltigen Berührungen mit anderen Kulturen. Die Städte bekamen im Mittelalter eine neue Bedeutung. Im Ausklang des Hochmittelalters wurde die Verfolgung von **Ketzern**, Andersgläubigen und Minderheiten zu einem der schwärzesten Kapitel mittelalterlicher Geschichte, das sich noch weit ins Spätmittelalter und in die Neuzeit hinein auswirkte.

Die zeitgenössische Darstellung zeigt, wie sich selbst hohe weltliche Herrscher vor der Macht des Kaisers verneigen.

Dieser steinerne Thron wurde lange Zeit Karl dem Großen zugeschrieben. Wahrscheinlich wurde er aber erst zur **Krönung Ottos I.** *erbaut.*

Kaiser Otto II. überreicht den Bischofsstab: *Dieses Relief an der Domtür von Gnesen zeigt die Einsetzung des Bischofs Adalbert von Prag durch den Kaiser.*

Die Ottonen

Otto I. der Große (936 – 973) war der Sohn König Heinrichs I., mit dem das Reich der Deutschen seinen Anfang nahm. Otto I. stützte sich auf die Loyalität der Bischöfe, indem er ihnen durch Verleihung von Grundbesitz und gräflichen Befugnissen ermöglichte, leistungsfähige kirchliche Herrschaftsbereiche zu bilden. Im Jahr 955 besiegte er mit den vereinten deutschen Stämmen bei Augsburg die Ungarn, die danach in ihrem ursprünglichen Stammesgebiet sesshaft wurden und Westeuropa nicht mehr bedrohten. 962 wurde Otto I. in Rom zum Kaiser gekrönt. Sein Nachfolger Otto II. starb jung und hinterließ den dreijährigen **Otto III.** (983 – 1002). Er stand erst unter dem Einfluss verschiedener Berater, bis er 15-jährig selbst die Regierung antrat. Er verstand sich, wie mancher seiner Vorgänger, als Erneuerer des römischen Reichs und strebte an, dass Italien und Deutschland zusammen von Rom aus regiert werden sollten. Erst 22-jährig starb er. Ihm folgte **Heinrich II.** (1002 – 1024), der einen erfolgreichen Krieg gegen Polen führte. Sein Nachfolger **Konrad II.** (1024 – 1039) vereinigte das Königreich Burgund mit dem Deutschen Reich und brach in Italien den Widerstand gegen die deutsche Vorherrschaft. Unter seinem Sohn **Heinrich III.** (1039 – 1056) kam es zum Höhepunkt des **Investiturstreits** – der Auseinandersetzung darüber, ob weltliche oder geistliche Herrscher die geistlichen Ämter besetzen dürfen.

Die deutsche **Kaiserkrone***: Dieses bedeutende Werk der Goldschmiedekunst entstand zur Zeit Ottos II. oder Ottos III. Der Bügel und das Kreuz sind erst in späterer Zeit zugefügt worden.*

Heinrich IV. auf dem Weg nach Canossa: *Der König bittet knieend den Abt von Cluny und die Markgräfin von Tuszien darum, durch ihre Fürsprache beim Papst die Aufhebung des Kirchenbanns zu erreichen.*

Heinrich IV – Der Gang nach Canossa

Unter **Heinrich IV.** (1056 – 1106) gelang es der Papstkirche, sich zunehmend vom Einfluss weltlicher Gewalt zu befreien. **Papst Nikolaus II.** regelte 1059 endgültig, dass bei der Papstwahl nur die Kardinäle eine entscheidende Stimme haben dürfen. **Papst Gregor VII.** strebte unbedingt die Unterordnung der Macht von Königen und Kaisern unter die des Papstes an und leitete entsprechende Reformen in der Kirchenverwaltung ein. Im Jahr 1076 beschloss daraufhin der Deutsche Reichstag und die deutsche Bischofssynode in Worms, Papst Gregor VII. wegen seiner angeblich ungültigen Wahl als abgesetzt zu erklären. Der Papst antwortete darauf mit der Exkommunikation gegen König Heinrich IV., dem Ausschluss aus der Kirche. So lief Heinrich IV. Gefahr, von den deutschen Fürsten als unwürdig erklärt zu werden, die deutsche Königswürde zu tragen. Deshalb machte er sich im Winter 1076/77 auf den Weg nach Italien, wo er in **Canossa** den Papst persönlich um Aufhebung des Banns bat. Dieser nahm auch die Exkommunikation zurück. Gleichzeitig hatten Teile der deutschen Fürsten aber bereits Rudolf von Schwaben zum König bestimmt. Es kam zu einem Bürgerkrieg in Deutschland, der mit dem Tod Rudolfs endete. 1081 wurde Heinrich IV. in Italien vom **Clemens III.**, einem Gegenpapst Gregors VII., zum Kaiser gekrönt.

Die endgültige Trennung der christlichen Kirchen

Papst Leo IX. trieb die dogmatischen Auseinandersetzungen mit der römischen Ostkirche in Byzanz voran, die vorher jahrhundertelang schwelten. Schließlich schloss Papst Leo IX. den Patriarchen von Konstantinopel – Michael – mitsamt allen seinen Anhängern aus der Kirche aus (Exkommunikation). Seit dieser Zeit besteht die dauerhafte Trennung (Schisma) zwischen der römisch-katholischen Kirche und der orthodoxen Kirche, die sich in viele Nationalkirchen aufgeteilt hat (griechisch-orthodox, russisch-orthodox u.a.).

Jeweils zwei Geistliche und zwei Feldherrn an den Seiten des Kaisers dokumentieren durch ihre Anwesenheit die **geistliche** *und* **weltliche** *Macht des Herrschers.*

Kampf um Macht und Einfluss

Dass sich die weltlichen Herrscher immer wieder auch auf ihren göttlichen Auftrag beriefen, begünstigte die Absicht vieler Päpste, eine Weltordnung herzustellen, in der die weltlichen Autoritäten nur die Ausführenden der geistlichen Macht darstellen sollten.

Allerdings stand der Papstthron manchmal jahrelang leer. Päpste wurden ermordet oder abgesetzt, und um die Papstwürde wurde unter den römischen Adelsfamilien wie um eine kommerzielle Ware gehandelt und gestritten.

So fühlten sich im Jahr 1046 gleich drei Männer gleichzeitig als Papst: Benedikt IX., Silvester III. und Gregor VI. Der deutsche König Heinrich III. nutzte die Gelegenheit, setzte alle drei Päpste gleichzeitig ab und ließ den deutschen Bischof von Bamberg als Clemens II. zum Papst ernennen. Von ihm ließ sich Heinrich III. dann wenig später zum Kaiser krönen. Dieses Vorgehen Heinrichs III. stellte den Höhepunkt kaiserlicher Macht über das Papsttum dar. Papst Clemens II. folgten noch drei weitere deutsche Päpste, die vom Reichstag gewählt wurden.

Diese reichverzierte Darstellung, die **Kaiser Friedrich I.** *idealisiert, ist nicht als Portraitbüste zu verstehen, obwohl sie sich mit zeitgenössischen Beschreibungen des Aussehens von Friedrich I. „Barbarossa" deckt.*

Mit diesem differenziert ausgearbeiteten **Siegel** *beglaubigte Kaiser Friedrich II. seine kaiserlichen Urkunden und Erlasse.*

Die Stauferkaiser

Ein neuer Machtgipfel des Deutschen Reiches

Heinrich IV. wurde durch seinen eigenen Sohn Heinrich V. bekämpft und 1106 zur Abdankung gezwungen. Nach dessen Tod waren die Jahre ab 1125 davon bestimmt, dass sich im Deutschen Reich zwei Könige und in Rom zwei Päpste um die Herrschaft stritten. Im Jahr 1138 wurde mit **Konrad III.** erstmals ein Fürst aus dem Hause der **Staufer** König. Ihm folgte ab 1152 **Friedrich I. Barbarossa**. Er führte insgesamt fünf Italienfeldzüge, schloss aber in den letzten Jahren seiner Regierung entscheidende Friedensverträge (1177 Friedenskongress von Venedig, 1183 Friede von Konstanz). Im Jahr 1190 starb er während eines Kreuzzugs, mit dem er sein Lebenswerk krönen wollte. **Heinrich VI.** führte danach die staufische Monarchie zu ihrem Machtgipfel. Auch er ließ sich zum Kaiser krönen.

Nach seinem Tod wurden 1198 zwei junge Fürsten zu königlichen Nachfolgern gewählt: **Philipp von Schwaben**, der jüngste Sohn Barbarossas, der zu diesem Zeitpunkt 20-jährig war, und **Otto IV.** von Braunschweig, der erst sechzehn Jahre alt war. Ein Thronfolgekrieg begann. Nach Philipps Ermordung im Jahr 1208 wurde Otto noch einmal gewählt und von allen Fürsten anerkannt.

Ihm folgte 1212 **Friedrich II.**, der gleichzeitig König von Sizilien war. Er förderte vor allem die Erweiterung des Deutschen Reichs in den Osten durch die Deutschen Ordensritter. Mehrfach wurde Friedrich II. durch die Päpste exkommuniziert, aber ohne Folgen für seine Herrschaftsmacht. Vielmehr besetzte er sogar Teile des Kirchenstaats. Von 1250 – 1268 folgten Jahre mit kurzfristiger Herrschaft durch verschiedene Könige. Noch als Kind wurde 1254 **Konradin** letzter Herrscher aus dem Hause der Staufer. Im Jahr 1268 wurde er nach einer verlorenen Schlacht in Neapel hingerichtet.

Diese Zeichnung aus der **Manessischen Handschrift** *zeigt den letzten Staufer Konradin zusammen mit dem Fürsten Friedrich von Baden auf der Jagd mit Falken.*

Friedrich II. als Wissenschaftler und Autor

Kaiser Friedrich II. sprach mehrere Sprachen fließend und verfügte über das gesamte Wissen seiner Zeit einschließlich des Wissens der arabischen Welt. Er selbst förderte die Wissenschaft und regte Experimente an. Berühmt geworden ist der von ihm angeregte Versuch, herauszufinden, welches die Ursprache der Menschen ist. Dazu ließ er verwaiste Säuglinge pflegerisch betreuen, verbot aber, mit ihnen zu sprechen. Dieses Experiment nahm einen tragischen Ausgang: Alle Säuglinge starben. Seit dieser Zeit weiß man, dass es für Kleinstkinder lebenswichtig ist, dass mit ihnen gesprochen wird.
Außerdem schrieb Friedrich II. ein Buch über die Jagd mit Falken, dessen Beschreibungen als bis heute Gültigkeit haben.

Die Legende vom Kyffhäuser

Wegen der Farbe seines Bartes erhielt Kaiser **Friedrich I.** seinen Zusatznamen **Barbarossa** (Rotbart). Viele nachfolgenden Generationen erzählten die Legende, dass Kaiser Barbarossa nie gestorben ist, sondern eingeschlossen im Berg Kyffhäuser auf eine Gelegenheit wartet, wiederzukehren und Deutschland einig, stark und glücklich zu machen.

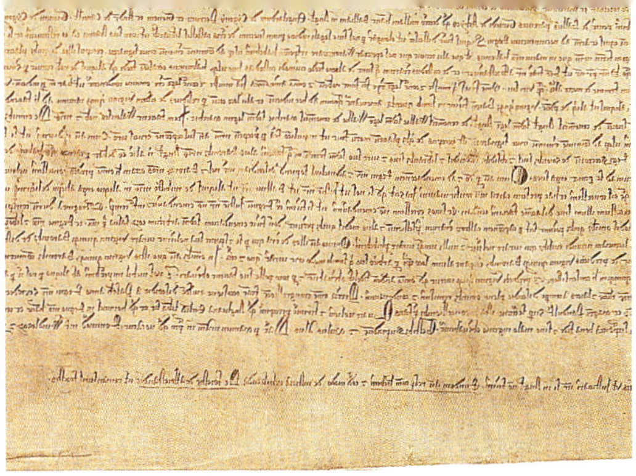

Ein Ausschnitt aus der **Magna Charta** *aus dem Jahr 1215, die als das erstes „Grundgesetz" in Europa gilt.*

Erste europäische Nationalstaaten

Das Ringen um Unabhängigkeit

Auf dem Hintergrund des ständigen Ringens des Papsttums mit den weltlichen Herrschern wurde im 12. und 13. Jahrhundert in vielen europäischen Staaten der Einfluss von Adeligen und grundbesitzender Geistlichkeit, aber auch vom beginnenden Bürgertum immer stärker.

Mehr und mehr bildete sich so in verschiedenen Ländern eine Nationalstaatlichkeit heraus, in der die Rechte und der Einfluss größerer Gesellschaftsgruppen klarer, deutlicher und von kirchlichen und königlichen Einflüssen freier geregelt wurden als vorher. Frankreich, die Schweiz und England gehörten zu den ersten Nationen, die sich auf diese Weise vom prinzipiellen Alleinherrschaftsanspruch von Königen und Päpsten befreiten.

Die erste Demokratie in Europa

Zur ersten Demokratie in Europa wurde nach jahrzehntelangen Kämpfen und Auseinandersetzungen am Ende des Spätmittelalters die Schweiz.

Hier bestimmte sogar das Bauern- und das Bürgertum mehr als der Adel über wichtige Entscheidungen, und die Schweiz war damit die erste Republik auf rein genossenschaftlicher Grundlage.

Die Päpste in Avignon

Die Könige von England und Frankreich wagten als erste einen offenen und dauerhaften Konflikt mit dem Papsttum, das 1296 allen Fürsten die Besteuerung kirchlicher Einkünfte verbot. 1303 ließ der französische König Philipp IV. den Papst **Bonifaz VIII.** gefangen nehmen und nach Frankreich bringen. Bonifaz starb wenige Wochen danach. Philipp IV. setzte durch, dass von diesem Zeitpunkt ab Päpste unter starkem Einfluss des französischen Herrschers in Avignon regierten. Gleichzeitig wurden jedoch auch in Rom Päpste eingesetzt. Bis zum Jahre 1417 war so die römisch-katholische Kirche getrennt.

Papstpalast von Avignon: *In diesem Palast residierten zur Zeit der abendländischen* **Kirchenspaltung** *ab 1309 die von Frankreich akzeptierten Päpste. Gleichzeitig gab es jeweils einen Papst in Rom.*

Die „Magna Charta" in England

In England besaßen die Adligen viel geringere Hoheitsrechte als im übrigen Europa. Nachdem der herrschende König Johann (1199 – 1216) sein Land durch Kriege in eine verheerende Finanzkrise führte, versuchte er, diesen Notstand durch immer neue Steuern zu beheben. Daraufhin erhoben sich die Barone und erzwangen durch immer neue Aufstände, dass der König im Jahr 1215 eine Erklärung unterzeichnete, in der er die Rechte der Adeligen verbriefte und sich selbst unter das Gesetz stellte. So war er an das Recht gebunden und konnte notfalls mit Gewalt zu seiner Einhaltung gezwungen werden. Diese Erklärung, die **Magna Charta**, wurde Grundlage der englischen Verfassung. In der englischen Nationalversammlung, die seit 1285 „Parlament" genannt wurde, saßen neben Vertretern des Adels und der Geistlichkeit auch Vertreter des Bürgertums.

Die Omaijaden-Moschee in Córdoba: *Bis zur Zeit der Kreuzzüge gab es hier* **Übersetzerschulen**, *in denen islamische, christliche und jüdische Gelehrte sich gemeinsam die antike und arabische Wissenschaft erschlossen.*

Das Rittertum

Ein neuer Stand entsteht

Das **Rittertum** entstand ursprünglich in Frankreich, wo sich nach dem Zerfall des Karolingerreichs keine festigende soziale Struktur mehr herausbilden konnte. Immer mehr Macht fiel daher an finanzkräftige Kriegsleute, die nicht einmal adlig sein mussten. Bauern stellten sich unter ihren Schutz, und die Wirtschaftskraft der Ländereien diente dazu, die Beschützerfunktion zu sichern. Hieraus entwickelten sich sehr komplizierte und von Land zu Land unterschiedliche Strukturen bis hin zur Leibeigenschaft der hörigen Bauern. Die Zugehörigkeit zum Ritterstand war für jeden offen, der genug Finanzkraft und außerdem die Fähigkeit hatte, mit Pferden und Waffen besser umzugehen als andere.

Die Ritter führten auf ihren Burgen größtenteils ein primitives, rohes Leben. Nur wenige reichten in Kultur und Bildung an den herkömmlichen Adel heran. Bei vielen verlief die Grenze zum Raubrittertum fließend.

Die Kreuzzüge

Mit dem erklärten Ziel, das Grab Jesu Christi und damit das „Heilige Land" von der islamischen Herrschaft zu befreien, kam es zwischen dem 11. und dem 13. Jahrhundert zu einer Reihe so genannter **Kreuzzüge**. Angeleitet und zum Teil persönlich von europäischen Herrschern angeführt, zogen Scharen von **Kreuzrittern** in den arabischen Herrschaftsbereich in Vorderasien. Die christlichen Kreuzritter richteten teilweise unter den Moslems fürchterliche Blutbäder an. Es kam immer wieder zu Massakern, aber auch zu empfindlichen Verlusten, entweder in Schlachten oder durch Seuchen, die sich in dem ungewohnten Klima rasch unter den Kreuzrittern verbreiteten. Häufig war das religiös motivierte Ziel überdeckt von der Absicht zur Eroberung und zur Plünderung arabischer Städte. Teilweise wurde auch Sklavenhandel betrieben. Die Absicht, das Grab Jesu von der Herrschaft der „Ungläubigen" zu befreien, wurde nie erreicht. Der kulturelle Effekt der Kreuzzüge für die europäischen Staaten bestand darin, dass sie einer überlegenen Kultur begegneten und von ihr eine Fülle von Impulsen übernahmen.

Kulturelle Überlegenheit der Araber

Die Kalifen von Bagdad hatten über lange Zeit Kultur und Bildung mit einem gewaltigen materiellen Aufwand gefördert. Die Werke sämtlicher überragender antiker Denker wurden in Bagdad übersetzt oder im Originaltext gelesen. Die Wissenschaften, die sich dort entwickelten, waren dem christlichen Westen weit überlegen: Während man im Westen noch die Erde für eine Scheibe hielt, wurden im islamischen Reich Observatorien gebaut und die Planetenbahnen berechnet. Arabische Physik, Geografie, Medizin und Mathematik waren auf einem Stand, von dem der Westen nicht einmal lernen konnte – er konnte ihn nur komplett übernehmen. Das Bildungssystem war dermaßen gut ausgebaut, dass es zum Zeitpunkt der ersten Kreuzzüge im Kalifat Córdoba nahezu keine Analphabeten gab, während im christlichen Westen selbst Fürsten oft nicht die Kunst des Lesens und Schreibens beherrschten.

Kreuzritter: *Unter dem Zeichen des Kreuzes wollte man das Heilige Land von den „Ungläubigen" befreien.*

Die Ordensritter kolonisieren den Osten

Im Verlauf der Kreuzzüge entstanden **Ritterorden**, deren Mitglieder sowohl aus Rittern wie auch aus Priestern und aus dienenden Mönchsbrüdern bestanden. Neben den drei Mönchsgelübden – Armut, Keuschheit, Gehorsam – verpflichteten sich ihre Mitglieder zum Kampf gegen die „Ungläubigen".

Während eines Kreuzzugs wurde im Jahr 1190 der **Deutsche Ritterorden** gegründet. Neben den bereits bestehenden Orden – **Johanniterorden** und **Tempelritter** – fand der Deutsche Ritterorden jedoch in Palästina kein Aufgabengebiet mehr. So verlagerte er seine Aktivität nach Osteuropa. Kaiser Friedrich II. berechtigte den Orden im Jahr 1226 dazu, Land im Osten zu erobern und souveräner Herr aller eroberten Gebiete zu werden. Bereits 1227 eroberte der Deutsche Ritterorden das Gebiet der Preußen (Pruzzen), die zum baltischen Sprachstamm gehörten. Die Ausrottung der eingeborenen Pruzzen kann dabei nur als Völkermord bezeichnet werden. Der Orden erhielt danach volle Landeshoheit über die eroberten Gebiete. Weitere Bereiche kamen in den Folgejahren durch Schenkungen, Eroberung und Unterwerfung hinzu. In weniger als fünfzig Jahren wurden über neunzig neue Städte und weit über tausend Dörfer gegründet. Viele Adelige, Bauern und Bürger aus den alten Reichsgebieten entschlossen sich zur Umsiedlung, denn der Staat des Deutschen Ritterordens gehörte zur damaligen Zeit zu den am besten organisierten Ländern Europas. Er wurde auch Ziel etlicher ehemaliger Kreuzritter anderer Nationen, die hier ihre Ideale verwirklicht sahen.

Im 14. Jahrhundert folgte dann ein rascher Verfall dieser Blütezeit des Ordensstaats, bei dem schon lange vorher selbst der Anschein einer religiösen Grundlage verlorengegangen war.

Im Jahr 1309 verlegte der Deutsche Ritterorden seinen Hochmeistersitz auf die **Marienburg** *im heutigen Polen.*

Die ritterliche Literatur und die Minnesänger

Die breite Wirkung des Rittertums im Mittelalter beruhte unter anderem auf seiner Verherrlichung, die fast mit den Kreuzzügen um das Jahr 1100 herum begann. Im Gegensatz zur Vorstellung vom Ritter als Kriegsherrn entwickelte sich zuerst in Südfrankreich ein Ritterideal, bei dem Lebensfreude, das Spiel und die Liebe in den Vordergrund traten.

In diesem Zusammenhang entstanden Lieder, deren Melodien und Strophenaufbau deutlich arabischen Einfluss zeigten. Ebenfalls in Anlehnung an arabische Formen gab es erstmals in Europa Gedichte, bei denen sich zwei Zeilen am Ende reimen. Aus dem Ritter wurde der „Troubadour" oder der „Minnesänger". Seine Aufgabe war es, hochherrschaftliche Frauen in anbetender Liebe zu verehren, zu bedichten und zu besingen. Der berühmteste deutsche Minnesänger war Walther von der Vogelweide (1170 – 1230).

Walther von der Vogelweide (1170 – 1230): *Der berühmteste Minnesänger besang die Liebe in geistig-höfischer Tradition, aber auch die „niedere Minne". An seinem Grab in der Nähe des Würzburger Doms legen noch heute regelmäßig Liebespaare zu seinem Gedenken Blumen nieder.*

Im Mittelalter war die Vorstellung verbreitet, dass die Qualen im **Fegefeuer** *nach dem Tod als Strafe für begangene Sünden letztlich Zugang zur ewigen Herrlichkeit schaffen.*

Verfolgung von Andersgläubigen

Die Entstehung von ketzerischen Glaubensgemeinschaften

Im Hochmittelalter hatte es es immer wieder Christen gegeben, die sich von der Lehre der katholischen Kirche abwandten. Dadurch war eine Vielzahl von neuen Glaubensrichtungen entstanden. Um die Mitte des 12. Jahrhunderts soll es allein in Mailand siebzehn verschiedene christliche Gruppierungen gegeben haben. Einige dieser Gruppierungen gewannen so sehr an Größe und Einfluss, dass sie der katholischen Kirche gefährlich wurden, so die Gemeinschaft der **Waldenser**, gegründet von Petrus Waldes, und die Glaubensgemeinschaft der **Katharer**, die auch **Albigenser** genannt wurden.

Christliche Andersgläubige wurden von der katholischen Kirche **Ketzer** genannt. Der katholische Priester Dominikus beschloss 1204 nach einer Begegnung mit Albigensern in Südfrankreich, als armer Mönch die Ketzer wieder zu bekehren. Wenige Jahre später wurde jedoch in einem blutigen Bürgerkrieg zwischen Nord- und Südfrankreich der Einfluss der Albigenser völlig niedergeschlagen.

Heidnische Vorstellungen beeinflussen den Volksglauben

Bei der raschen Ausbreitung des Christentums im frühen Mittelalter übernahmen häufig ganze Stämme und Volksgruppen auf einmal den neuen Glauben ihrer nun getauften Herrscher. Weil sich die traditionellen religiösen Vorstellungen nicht von einem Tag auf den anderen verändern ließen, flossen viele heidnische Vorstellungen in die christliche Glaubenspraxis des Volkes, aber auch in die offiziell verbreitete Lehre vom Christentum ein.

Die Vorstellung, dass die Hölle von Teufeln und Dämonen bevölkert ist, gehört ebenso dazu wie die Überzeugung, sich nach dem Tod im „Fegefeuer" noch von seinen Sünden reinigen zu können. Aus dieser Vorstellung erwuchs die Hinrichtung von Ketzern auf dem Scheiterhaufen.

Die Verehrung von Reliquien (Körperteile verstorbener Heiliger, angebliche Splitter vom Kreuz Jesu und ähnliches) trug ebenfalls heidnische Züge. Schon bis zum 10. Jahrhundert hatte sich das Volk über 25000 Heilige geschaffen, die – oft nur örtlich – gottgleich verehrt wurden.

Die Marienverehrung trat teilweise in die Spuren antiker Feste: So wird das Fest Mariä Himmelfahrt bereits seit dem 6 Jahrhundert am 15. August gefeiert, dem Tag, an dem weit über die Antike hinaus die Göttin Artemis verehrt wurde.

Die Heilige Inquisition

1229 waren die Albigenserkriege zu Ende. Die Katharer waren damit aber nicht ausgerottet. Übriggebliebene Mitglieder und Angehörige anderer ketzerischer Gemeinschaften wurden von nun an systematisch verfolgt. Dominikus selbst stellte seine anfänglichen Bekehrungsversuche ein. Der von ihm gegründete Mönchsorden wurde zum Träger der **Inquisition** – der zwangsweisen Befragung von Christen zur Entlarvung und Verurteilung als Ketzer.

Die Hinrichtung von Christen anderen Glaubens wurde in dieser Zeit zu einer feststehenden Institution in der katholischen Kirche. Diese Hinrichtungen wurden jedoch von der weltlichen Obrigkeit vollzogen. Unter Kaiser Friedrich II., der durch die Ketzerbewegungen eine Spaltung seines Reiches fürchtete, wurde 1232 die Ketzerverbrennung im Rahmen der **Heiligen Inquisition** zum Reichsgesetz. Fast zwei Jahrhunderte lang verbreitete die Heilige Inquisition Angst und Schrecken.

Der Glaube an die Kraft teuflischer Dämonen bestimmte den Alltag. An der Kathedrale Notre-Dame in Paris finden sich viele Darstellungen dämonischer Zwitterwesen, so genannter **Chimären**.

„Gerechte" Rechtssprechung in einem Unrechtsverfahren: Grundlage für die Anklage als Ketzer war oft eine Denunziation. Das Geständnis, ein Ketzer zu sein, wurde nach eingehender Befragung durch den Inquisitor häufig durch Folter erpresst.
Allerdings lautete das Urteil nicht zwangsläufig auf Tod. Auspeitschungen, Kerkerhaft, Einziehung des Vermögens oder eine diskriminierende Kennzeichnung der Kleidung waren andere übliche Strafen. Manchmal wurde auch ein „reuiger" Ketzer zur Pilgerfahrt nach Jerusalem verpflichtet. Es waren aber nur einzelne Inquisitoren, die sich im Rahmen der damaligen Rechtssprechung gewissenhaft verhielten und nicht fanatisch wüteten. Einer von ihnen war **Bernhard von Caux**. Er führte Hunderte von dokumentierten Prozessen gegen Ketzer, von denen kein einziger mit der Todesstrafe auf dem Scheiterhaufen endete.

Die Verfolgung der Juden

Seit das Christentum im Römischen Reich Staatsreligion geworden war, waren Juden von allen öffentlichen Ämtern ausgeschlossen. Dies blieb in allen Reichen so, in denen das Christentum Staatsreligion war. Für Wirtschaft und Wissenschaft erlangten die Juden trotzdem große Bedeutung. Bedeutende Gelehrte vor allem des spanischen Judentums übten nachhaltigen Einfluss auf das gesamte europäische Denken aus. Jüdische Übersetzer, Ärzte und Philosophen standen im Dienst europäischer Herrscher und hatten oft sogar besondere Privilegien.
Nach dem Ersten Kreuzzug von 1096 jedoch kam es zu einer Wende. Nun wurden auch im eigenen Land die Juden als „Ungläubige" und als „Christusmörder" verfolgt und umgebracht. Massaker und Pogrome kosteten vielen Tausenden von Juden das Leben. Es entstanden erste Gettos. Teilweise wurden Verordnungen erlassen, dass Juden anhand ihrer Kleidung für jeden erkennbar sein mussten. Einzelne Herrscher wandten sich gegen die Judenverfolgungen. Sogar Papst Innozenz IV. befahl im Jahr 1247 den Bischöfen und Erzbischöfen in Deutschland, dass sie sich für Rechtssicherheit der Juden einsetzen sollten und dafür, dass die Juden nicht „unverschuldet bedrückt und gequält werden".
Vergeblich – den Judenverfolgungen war kein Einhalt mehr zu gebieten. Judenhass (Antisemitismus) und Judenverfolgungen haben seit dieser Zeit praktisch bis heute kein Ende gefunden.

Die Hexenverfolgungen

Erst beim Übergang des Spätmittelalters in die Neuzeit begann die Verfolgung und Verbrennung sogenannter **Hexen**. Nur wenige der angeklagten Frauen pflegten tatsächlich heidnische Kulte. Viele fielen schlicht den Denunziationen ihrer Mitbürger zum Opfer. Auch hier spielte die Inquisition als Richter und die weltlichen Institutionen als Vollstrecker unrühmliche Rollen. Ihren Höhepunkt fanden Hexenverfolgungen und -verbrennungen erst im 16. und 17. Jahrhundert.

Die zeitgenössische Darstellung zeigt, mit welcher Selbstverständlichkeit **Hexenverbrennungen** *vonstatten gingen.*

Der Mönch **Thomas von Aquin** *gilt als Erneuerer der europäischen Philosophie und trug zur Abkehr von der schlimmsten Irrationalität seiner Zeit bei. Er predigte unter anderem gegen die Wundergläubigkeit bei der Reliquienverehrung. Unmittelbar nach seinem Tod 1274 wurde aber auch sein Leichnam in Reliquien zerlegt.*

Die ältesten Universitäten

Im ausgehenden Mittelalter wurden die ersten freien Universitäten als Bildungsstätten gegründet, die nicht in der Hand von Klöstern und Herrschern waren. Sie trugen zur Ausbreitung wissenschaftlicher Erkenntnisse bei, bewirkten im Lauf der Zeit die Trennung von Theologie und Philosophie und wurden zum Ausgangspunkt des modernen Humanismus. Die erste Universität auf dem Boden des Deutschen Reichs wurde 1348 von Karl IV. in Prag gegründet. Ihr folgten die Universitäten in Wien (1365), Heidelberg (1386), Köln (1388), Erfurt (1389) und Würzburg (1402).

Vom Spätmittelalter zur Neuzeit

Die Hausmacht-Könige – Könige aus verschiedenen Häusern

Von 1273 an regierten im deutschen Reichsgebiet Könige aus verschiedenen Häusern. Man spricht von der Zeit der **Hausmachtkönige**, denn nur wer eine gewisse Anzahl einzelner Länder und ihre Fürsten als unterstützende Hausmacht hinter sich hatte, war als König überhaupt regierungsfähig. Insbesondere die Herrscherhäuser der Habsburger, der Luxemburger, der Nassauer und der Wittelsbacher besaßen genügend Macht und Einfluss, um aus ihren Reihen einen König zu stellen.

Gewählt wurde jeder König durch Kolleg der Kurfürsten. Diese nutzten nahezu jede Neuwahl, um sich durch die Unterstützung eines Kandidaten Vorteile zu verschaffen und den König zum Werkzeug ihrer eigenen Absichten zu machen.

Im Jahre 1356 regelte das Reichsgrundgesetz, welche **sieben Kurfürsten** *an der Königswahl beteiligt sind. Links sind die drei geistlichen, rechts die vier weltlichen Kurfürsten abgebildet.*

Die „Goldene Bulle"

Ab 1346 machte **Karl der IV**. den Anfang einer Reihe von luxemburgischen Kaisern. Ebenfalls im Jahr 1346 wurde in einem Reichsgrundgesetz für die Zukunft festgelegt, dass die Königswahl ausschließlich durch sieben Kurfürsten erfolgen sollte, und zwar die Erzbischöfe von Mainz, Trier und Köln als geistliche Herrscher sowie dem König von Böhmen, dem Pfalzgrafen vom Rhein, dem Herzog von Sachsen-Wittenberg und dem Markgraf von Brandenburg als weltliche Herrscher. Dafür wurden diesen Kurfürstentümern besondere Rechte zugestanden. Die Königswahl erfolgte danach durch einfache Mehrheit. Nach dem goldenen Siegel, mit dem dieses Gesetz beurkundet wurde, wird es die **Goldene Bulle** genannt.

Neben dem **Erzbischof** *stehen die drei Könige, die von ihm gekrönt wurden:* **Heinrich VII. von Luxemburg, Johann von Böhmen, Ludwig von Bayern.**

Zunehmende Bedeutung bekamen im späten Mittelalter die **Städte** *und damit die unterschiedlichen Handwerkszünfte, die zum Bau einer Stadt und zur Aufrechterhaltung des städtischen Lebens erforderlich waren.*

Jede der **Hansestädte** *verfügte über ein eigenes Siegel, das die Stadtfreiheit dokumentierte. Hier sind die Siegel von Stralsund (links) und Wismar an einer Urkunde hängend.*

Freie Städte und der Bund der Hanse

Auf dem Gebiet des deutschen Reiches entstanden im Spätmittelalter zunehmend so genannte **Freie Städte**. Sie hatten sich von ihrem jeweiligen Landesherrn oder Bischof losgelöst und unterstanden dem Kaiser unmittelbar. Das bedeutete für die Städte weitgehend Selbstständigkeit. So besaßen sie das Marktrecht, das Recht, sich mit Mauern zu umgeben, das Recht auf eine eigene Gerichtsbarkeit und teilweise sogar das Recht, eigene Münzen zu prägen.

Freie Städte mit gemeinsamen Interessen schließen sich teilweise zu Stadtbünden zusammen. Den bedeutendsten dieser Bünde stellen die **Städte der Deutschen Hanse** dar. So bezeichnete sich eine ursprünglich 1281 in London gegründete Gemeinschaft ab 1358.

Die meisten **Hansestädte** waren aktiv am Seehandel in der Nordsee und der Ostsee beteiligt. Die Gemeinschaft umfasste zur Blütezeit nahezu 200 Städte im heutigen Gebiet der Niederlande, Belgiens, Deutschlands, Dänemarks, Polens, Litauens, Lettlands und Estlands.

Mit dem so genannten **Frieden von Stralsund** im Jahre 1370 war der Höhepunkt der hansischen Geschichte erreicht. Hier wurde festgelegt, dass der dänische Reichsrat den Nachfolger seines Königs nur mit Zustimmung der Hanse wählen konnte. Für die folgenden anderthalb Jahrhunderte konnte die Hanse eine ausschlaggebende Stellung im gesamten Bereich der Nord- und Ostseeküste behalten und durch ihre Handelsmacht auch politischen Einfluss ausüben.

Im späten 15. Jahrhundert brach sie nach dem Erstarken der nordischen Staaten und dem Überwiegen der Einzelinteressen verschiedener Städtegruppen auseinander.

Lübeck *war zur Blütezeit der Hanse neben Bremen, Hamburg, Riga und Stralsund die bedeutendste Stadt.*

Andere Städtebünde: Außer der Hanse gab es weitere Städtebünde, die die Selbstständigkeit gegenüber Fürsten und Rittern sichern sollten. Von Ulm wurde der **Schwäbische Städtebund** (gegründet 1376) angeführt, der bis zum Jahr 1385 auf 40 Verbündete anwuchs. Der 1379 gebildete **Elsässische Städtebund** erweiterte sich 1381 zum **Rheinischen Städtebund**, zu dem so bedeutende Städte wie Straßburg, Speyer, Worms und Frankfurt zählten. Noch später schlossen sich der Schwäbische und der Rheinische Städtebund zum **Süddeutschen Städtebund** zusammen.

Die spätmittelalterliche Pest von 1348 bis 1352 war die erste von mehreren **Pestepidemien**. *Ärztliche Hilfe war meist vergebens. Die abgebildete Kleidung sollte den Pestarzt vor Ansteckung schützen.*

Die Pest

In den Jahren 1348 – 1352 wütete in weiten Teilen Europas erstmals eine Seuche, die später noch mehrfach wiederkehren sollte: die **Pest**. Vermutlich trugen das enge Zusammenleben der Menschen in den immer zahlreicher werdenden Städten und die dort herrschenden schlechten hygienischen Verhältnisse zur Ausbreitung der Seuche bei, die zuerst bei Nagetieren (Ratten) entstand und dann auf den Menschen übergriff.

In den vier Jahren zwischen 1348 – 1352 starb vermutlich fast ein Drittel der gesamten Bevölkerung Europas an der Pest.

EINE NEUE ZEIT BRICHT AN

Die Renaissance

Italien an der Schwelle zur Neuzeit

Im Mittelalter war das Denken und Trachten der Menschen stark an das „Jenseits" gebunden. Man fragte sich: Was erwartet uns nach dem Tod?
In der zweiten Hälfte des 14. Jahrhunderts begannen die Menschen sich immer stärker von diesem mittelalterlichen Denken abzuwenden. Statt dessen wollte eine neue Kulturbewegung den Menschen eine erhöhte Freude am irdischen Dasein vermitteln und den Wert der Persönlichkeit herausstellen. Diese Kulturbewegung hatte ihren Ursprung in Italien und breitete sich dann auch über Europa aus; sie wird später **Renaissance** genannt. Dieses Wort kommt aus der französischen Sprache und bedeutet **Wiedergeburt**; im weitesten Sinn bezeichnet dieser Begriff die neu aufkommende Beschäftigung mit den Zeugnissen vergangener Kulturen.
Als europäische geschichtliche Epoche ist die Renaissance gekennzeichnet durch das wachsende Interesse an den Schriften und an der Kunst der Antike.

Handel und Banken – Der Aufstieg der Medici

In Italien waren viele Familien durch den wachsenden **Handel** und das neu aufgekommene **Bankwesen** zu unermesslichem Wohlstand gekommen. Es war aber nicht nur die Zeit der wachsenden wirtschaftlichen Blüte, sondern auch die Zeit, in der Italien reich war an überragenden Künstlern und Gelehrten. Die Herrscher in den reich gewordenen Handelsstädten unterstützten diese. Die einen sollten durch ihre wissenschaftlichen Arbeiten und die anderen durch ihre Bauwerke und Malereien den Ruhm der Stadt vergrößern.
So war vor allem **Florenz** infolge des Gewinn bringenden Fernhandels und der wachsenden Bankgeschäfte sowie durch den Aufbau seines Tuchgewerbes zu einem Wirtschaftszentrum von europäischer Bedeutung aufgestiegen. Der große Reichtum seiner Oberschicht war mit eine wichtige Voraussetzung dafür, dass sich in Florenz früher und glanzvoller als im übrigen Italien die Kultur der Renaissance entfalten konnte.
Diese Entwicklung aber hatte auch eine Kehrseite. Mitglieder der mächtigen Bankiersfamilie der **Medici** errichteten eine gewalttätige Herrschaft in Florenz.
Der Dominikanermönch **Savonarola** predigte eifrig gegen den Machtmissbrauch der Medici. Er erreichte ihren Sturz und versuchte, gestützt auf die Mehrheit des Volkes, das Leben in der Stadt neu zu gestalten. Er verurteilte den herrschenden Luxus der Reichen ebenso wie das weltliche Treiben am päpstlichen Hof. Er erhielt vom Papst Predigtverbot und wurde auf Betreiben seiner mächtigen Gegner gestürzt, gefangen genommen und nach Folterungen 1489 als Ketzer öffentlich hingerichtet.

Die Verbrennung des **Savonarola** *in Florenz, 1498.*

Mona Lisa,
heute im Louvre in Paris

Die „Antike“ wird neu belebt

Viele Gelehrte befassten sich nun mit den alten Handschriften der Griechen und Römer. Sie studierten deren Dichtkunst und Lebensweise. Auch die Werke römischer und griechischer Geschichtsschreiber, Philosophen, Politiker und Dichter wurden studiert und übersetzt: Das war möglich, weil in den mittelalterlichen Klöstern unzählige Mönche Abschriften dieser Werke erstellt hatten. Auch die Erarbeitung von Werken, die sich mit Mathematik, Astronomie und Medizin befassten, gewannen an Bedeutung, da so der hohe Kenntnisstand der Wissenschaftler in allen Kulturen zu erkennen und auch zu verwerten war.

Die Lebensauffassung der Menschen in der Antike, die besonders für die Freuden des „Diesseits“ aufgeschlossen war, wurde verherrlicht. Man wollte das Mittelalter überwinden und alles Geschaffene von Grund auf erneuern. Die neue Zeit sollte nicht mehr ausschließlich von Kirche und Bibel beherrscht werden. Die Erneuerung sollte nicht mehr nur Gott dienen, sondern auch den Menschen. Dabei spielten Schule, Bildung und Wissenschaft eine entscheidende Rolle. Der Mensch trat in den Mittelpunkt des wissenschaftlichen und künstlerischen Interesses. Architekten und Bildhauer studierten die alten Bauwerke und Skulpturen der Griechen und Römer. Sie entdeckten deren Schönheit neu und nahmen diese Arbeiten zum Vorbild für eigene Werke.

Die „Erschaffung Adams“ von **Michelangelo** *(Sixtinische Kapelle, Rom)*

Prunkvolle Städte in Italien

Viele Künstler bauten im Auftrag der Kirche großartige Kirchen und Dome, im Auftrag reicher Familien prunkvolle Stadtschlösser (Paläste). Sie schmückten die Bauwerke mit Skulpturen und die Plätze mit großartigen Brunnenanlagen. So prunkvoll wie die Paläste waren, so prunkvoll vollzog sich auch das Leben der Reichen in diesem Land. Noch heute können Italien-Reisende die Werke aus dieser Zeit bewundern, vor allem in Florenz, Venedig, Mailand, Rom und vielen anderen Städten.

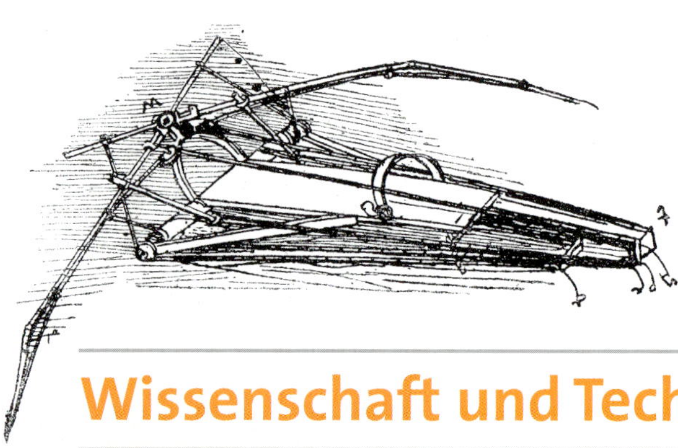

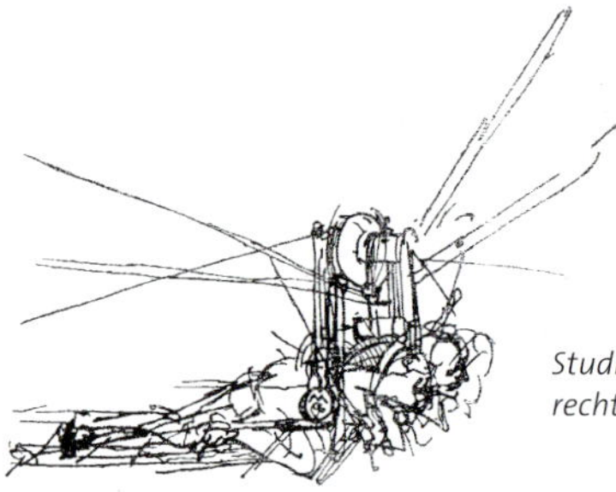

Studien Leonardos für eine **Flugmaschine**, *rechts mit einem liegenden Flieger*

Wissenschaft und Technik verändern das Weltbild

Nikolaus Kopernikus

Naturwissenschaftliche Entdeckungen

Ein enormer Entdeckungsgeist bestimmte die Zeit. Die Erfindung des Kompasses und die Ergebnisse der Forschung in der **Astronomie** ermöglichten die Entdeckungsfahrten auf den Weltmeeren.

Nikolaus Kopernikus war Priester in Frauenburg (Ostpreußen). Er hatte neben Theologie auch Medizin und Astronomie an mehreren italienischen Universitäten studiert. Kopernikus beobachtete die Bewegung der Himmelskörper; er bewies, dass sich nicht die Sonne um die Erde dreht sondern die Erde um die Sonne und lehrte so ein **heliozentrisches Weltbild** (von griech. *helios* – die Sonne). Damit löste er das Ptolemäische Weltbild der Antike auf.

Galileo Galilei (1564-1642) war einer der erfolgreichsten Naturwissenschaftler seiner Zeit. Er vertrat ebenfalls das heliozentrische Weltbild, musste aber unter Androhung der Inquisition in Rom versprechen, diese neue Lehre nicht mehr zu unterstützen.

Johannes Kepler (1571- 1630) vervollständigte das kopernikanische System, das sich erst langsam gegen den Widerstand der Kirche durchsetzen konnte.

Galileo Galilei, *italienischer Mathematiker und Philosoph, vor dem Inquisitionstribunal in Rom, 12. April bis 22 Juni 1633*

Ein unbezähmbarer Wissensdrang erfüllte die Zeit

Der Wissensdrang führte viele Menschen in die Universitäten, die vielerorts neu gegründet wurden. Man begann die Welt durch genaue Beobachtung und Erfahrung zu erforschen und erkannte zunehmend mehr Gesetzmäßigkeiten. Genaue Studien und Beobachtungen führten zur Entdeckung der **Perspektive**. Man konnte nun einen dreidimensionalen Raum auf einem flachen Blatt Papier wiedergeben – eine Technik, die das Mittelalter nicht gekannt hatte. Dadurch erlebte die Malerei eine ungeheure Bereicherung. Neben religiösen Bildern wurden nun auch Menschen im Alltag und Landschaften gemalt. Bildwerke von unermesslichem Wert aus dieser Zeit schmücken Kirchen und Paläste.

Die beiden berühmtesten Künstler Italiens – **Michelangelo** und **Leonardo da Vinci** – waren in einer Person Maler, Architekten, Erfinder, Ingenieure, Naturforscher, Schriftsteller und Bildhauer.

Das **heliozentrische** *Planetensystem des Kopernikus, 1510*

Johann Gutenberg, *Erfinder der Buchdruckerkunst*

Buchdruckerei: *Die Druckerei Gutenbergs war ein größeres Unternehmen, in dem wohl ca. 20 Mitarbeiter beschäftigt waren.*

Die Buchdruckerkunst

Die Erfindung der **Buchdruckerkunst** durch **Johann Gutenberg** in Mainz um die Mitte des 15. Jahrhunderts revolutionierte in vielerlei Hinsicht die Welt. Sie hatte nicht nur eine erhebliche Vermehrung des Lesestoffes gegenüber früheren Jahrhunderten zur Folge, sondern es wurde auch möglich, die neuen Erkenntnisse in kürzester Zeit in ganz Europa bekannt zu machen. Hohe Auflagen verbilligten die Bücher und ermöglichten eine allgemeine Bildung breiter Volksschichten. Durch den Buchdruck wuchs die Zahl der Menschen, die lesen lernten. Von dem Leben des Johann Gutenberg wissen wir nur wenig. Zwischen 1452 und 1455 druckte er in Mainz die zweiundvierzigzeilige lateinische Bibel. Ebenso die Werke von antiken Autoren und Kirchenvätern, auch in deutscher Sprache. Auch dem Staat leistete die „Schwarze Kunst" gute Dienste, denn so konnten Gesetze, Erlasse und Bekanntmachungen schnell und unmissverständlich verbreitet und damit die Verwaltung erleichtert werden.

Die Gutenberg-Bibel: *Sie bestand aus zwei Bänden, dem Alten und dem Neuen Testament, mit insgesamt 1282 Seiten.*

Die Erfindung des Buchdrucks mit beweglichen Lettern: Druckstöcke aus Holz, in das Texte und Bilder hineingeschnitten waren, hatte es schon etliche Jahrhunderte gegeben. Dieses Druckverfahren war aber zeitraubend, mühsam und kostspielig. Der Buchdrucker Johann Gutenberg erfand um 1450 den Buchdruck mit wiederverwendbaren beweglichen Metalllettern. Zusammen mit der gleichzeitig sich verbreitenden billigen Papierherstellung war so die Grundlage entstanden, lesbares Wissen weiten Teilen des Volkes zugänglich zu machen.

Das Zeitalter der Entdeckungen

Der Beginn der Entdeckungen durch Portugiesen

Im ausgehenden Mittelalter unternahmen die Portugiesen Erkundungsfahrten auf den Weltmeeren. Sie besaßen dafür gute Voraussetzungen, denn infolge ihrer Seelage verfügten sie über einen hoch entwickelten Schiffsbau. Zudem hatten portugiesische Ingenieure mit der **Karavelle** ein hochseetüchtiges Schiff konstruiert, das mit Dreieckssegel gegen den Wind kreuzen konnte. Erfahrene Kapitäne verfügten über einen **Kompass** und immer genauer werdende Seekarten. Der portugiesische Prinz **Heinrich der Seefahrer** hatte alle naturwissenschaftlichen und mathematischen Erkenntnisse seiner Zeit gesammelt, mit deren Hilfe er Tabellen und Instrumente zur Standortbestimmung der Schiffe anhand des Standes der Sterne entwickeln ließ, z. B. das so genannte **Astrolabium**. Dieses Messgerät erlaubte in Verbindung mit Kompass und Seekarte eine genauere Kursbestimmung der Schiffe und machte sie so unabhängig von der Landsicht.

Ein wichtiger Antrieb für die Entdeckungsreisen der Portugiesen und dann auch der Spanier und Italiener war der immer schwieriger werdende **Orienthandel**. Die Türken hatten 1453 Konstantinopel und später ganz Vorderasien erobert und dadurch den Indien-Handel auf dem Landweg unterbunden. Nun wurden die kostbaren indischen Gewürze vermisst, die man seit den Kreuzzügen für die Verfeinerung der Speisen verwendete. Ebenso kam der Handel mit den begehrten Edelsteinen, mit Seide und mit Farbstoffen nahezu zum Erliegen.

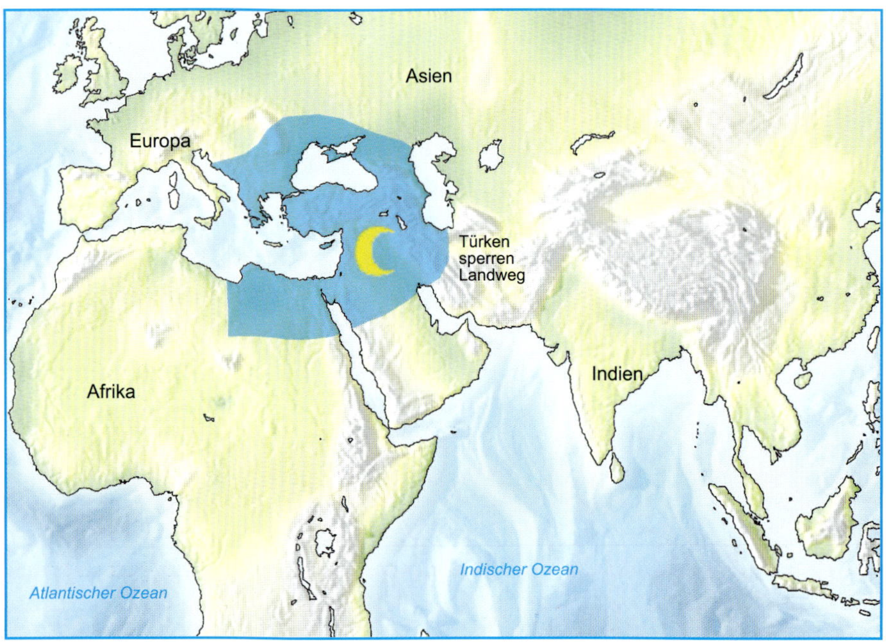

„Türkensperre": *Durch die Eroberung von Konstantinopel und Vorderasien verhinderten die Türken den Handel mit Indien auf dem Landweg.*

Um wieder in den Besitz dieser wertvollen Handelsgüter zu kommen, suchten die Portugiesen einen Seeweg nach Indien. Sie segelten an der afrikanischen Küste entlang und entdeckten so nach vielen Ansätzen den **Seeweg nach Indien**:1487 segelte **Bartolomeo Diaz** erstmals um das Kap von Afrika. 1498 erreichte **Vasco da Gama** die Südwestküste Indiens.

Die Portugiesen bauten in der Folgezeit den neu entdeckten Seeweg nach Indien systematisch aus. Sie errichteten entlang der Küste Afrikas befestigte Stützpunkte, von denen aus sie ihre Flotte versorgen und ebenfalls lokalen Handel treiben konnten. Mit der Eroberung geeigneter weiterer Stützpunkte an der indischen Küste, auf Ceylon und in Hinterindien bauten die Portugiesen ein Handelsimperium auf und waren dadurch in der Lage, Europa mit Gewürzen, Reis, Edelsteinen und Seide zu versorgen.

Infolge dieser neuen wirtschaftlichen Entwicklung verloren für den Handel zwichen Indien-und Europa der lange Zeit von den Arabern beherrschte Landweg wie dann auch der Seeweg über das Mittelmeer immer mehr an Bedeutung.

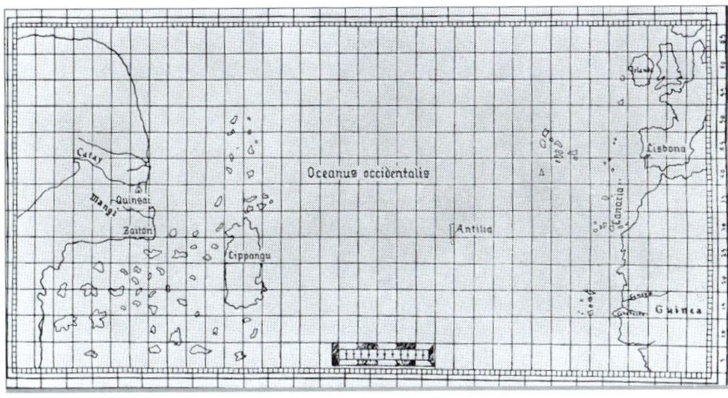

Das Weltbild des Florentiener Gelehrten **Toscanelli**

Kolumbus *landet in der Neuen Welt.*

Die Entdeckung Amerikas durch Kolumbus

Der Italiener **Christoph Kolumbus** (1451 – 1506) kam um 1470 als Angestellter eines Handelshauses nach Lissabon. Dort heiratete er eine Portugiesin Im Nachlass seines Schwiegervaters fand er Unterlagen, die ihn veranlassten, sich mit dem Gedanken einer Westfahrt nach Indien eingehend zu beschäftigen. Er stützte sich vor allem auf den italienischen Astronomen **Toscanelli**, der bereits die Idee durchdacht hatte, auf dem Westweg Indien zu erreichen.
Die Erkenntnis von der Kugelgestalt der Erde hatte sich mittlerweile durchgesetzt, und es entwickelten sich zwei verschiedene Ansätze, einen Seeweg nach Indien zu finden: entweder entlang der Westküste Afrikas und dann nach Osten, oder in westlicher Richtung.
Kolumbus bemühte sich an den Königshöfen in Portugal und zunächst auch in Spanien vergebens um eine Unterstützung für sein Projekt. Schließlich erhielt er doch noch Unterstützung durch das spanische Königspaar **Ferdinand** und **Isabella.** Mit drei Schiffen ausgestattet landete Kolumbus 1492 im Dienst der spanischen Krone auf der **Bahama-Insel Guanahani** und erreichte als erster Europäer Amerika. In weiteren Reisen entdeckte er das Orinoco-Gebiet.
Lebenslang glaubte er, Indien auf dem Westweg erreicht zu haben und nannte die Einwohner Amerikas daher Indianer. Der Irrtum des Kolumbus wurde erst erkannt, als der Portugiese **Vasco da Gama** 1497 das Kap der Guten Hoffnung umsegelte und im folgenden Jahr tatsächlich in Indien ankam.
Daraufhin machte sich der italienische Seefahrer **Amerigo Vespucci** auf, um das angebliche Westindien zu erkunden. Er musste feststellen, dass es sich hier um einen völlig neuen Erdteil handelte. Dieser neue Kontinent wurde nach ihm „Amerika“ benannt. Der Name „Kolumbus” ist in dem späteren Staat Kolumbien erhalten geblieben.

Die Aufteilung der Kolonien

Spanien und Portugal legten nach der Entdeckung der Seewege auch sogleich Wert auf ein Besitzrecht der neu entdeckten Länder. Nach schwierigen Verhandlungen wurde 1494 der **Vertrag von Tordesillas** abgeschlossen. Alle kolonialen Erwerbungen zwischen dem 40. Grad westlicher Länge und dem 130. Grad östlicher Länge sollten Portugal gehören, die übrigen Spanien. So ist es zu erklären, dass Portugal in Brasilien, Afrika und in Indien Kolonialherr wurde, und Spanien das übrige Amerika und den Pazifikraum in Besitz nahm.

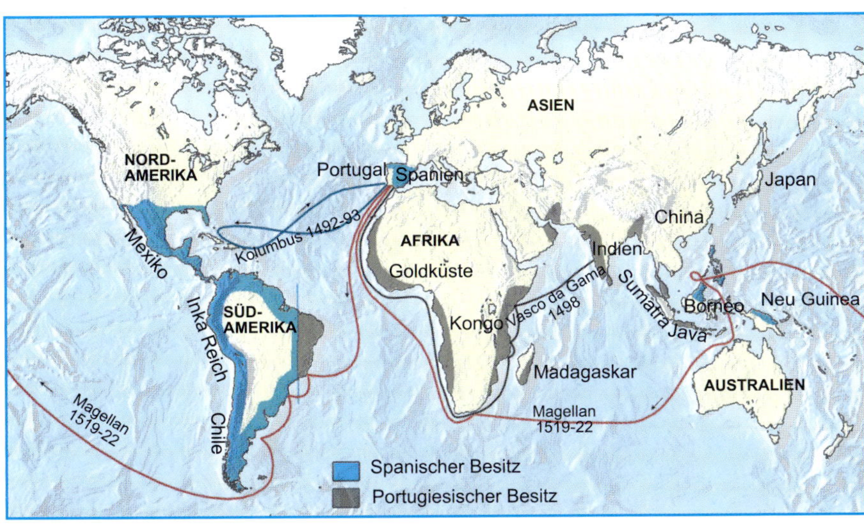

Die erste Weltumsegelung: Im Jahre 1519 segelte der Portugiese **Ferdinand Magellan** mit fünf Karavellen im spanischen Auftrag nach Westen. Dort segelte er in südlicher Richtung die gesamte Küste des Kontinents entlang, umschiffte die Südspitze Amerikas und gelangte schließlich auf die Philippinen, wo er von Eingeborenen getötet wurde. Seine Mannschaft setzte die Reise nach Westen fort, umsegelte das Kap der Guten Hoffnung und kam mit einem von fünf gestarteten Schiffen nach dreijähriger Reise 1522 nach Spanien zurück. Mit dieser Weltumsegelung war die Kugelgestalt der Erde zum ersten Mal bewiesen worden.

Die Entstehung von Kolonialreichen

Der Aufbau des spanischen Kolonialreiches

Die Portugiesen hatten bei ihren Entdeckungsreisen zunächst den Handel in den Vordergrund gestellt. Die Spanier verfolgten dagegen von Beginn an in den neu entdeckten „indischen Inseln“ das Ziel, eine Herrschaft auf Dauer zu errichten.
So wurde bereits die zweite Expedition des Kolumbus 1493 von Beamten, Soldaten und Missionaren begleitet, aber auch willige Siedler, Saatgut, Haustiere und Arbeitsgeräte gehörten zur Expedition. Die Vorstellung vom sagenhaften Goldreichtum der entdeckten Inseln führte zur Besitznahme des fernen Landes.
Bereits 1495 wurde durch königlichen Erlass jedem Spanier das Recht eingeräumt, in das vermeintliche Indien auszuwandern. Dort konnte man sich von königlichen Beamten kostenloses und steuerfreies Land anweisen lassen und gegen eine Abgabe nach Edelmetallen schürfen. Die geringe Goldausbeute auf Haiti und Kuba veranlasste spanische Abenteurer, auch auf dem südamerikanischen Festland nach sagenhaften Goldschätzen zu suchen.
Die meisten Eroberer (**Konquistadoren**) waren ehemalige Soldaten; die Hoffnung auf Goldfunde sahen sie als Chance ihres Lebens. Sie waren rücksichtslos und brutal im Umgang mit den Indianern, denen sie durch ihre Feuerwaffen auch militärisch überlegen waren. So zerstörten sie bedenkenlos die in Amerika bestehenden alten indianischen Kulturen, deren Wert sie nicht einmal erahnen konnten.

Cortez erobert Mexiko und vernichtet das Aztekenreich
1517 unternahm der spanische Ritter **Hernan Cortez** mit ca. 600 Soldaten eine Expedition in das Aztekenreich nach Mexiko. Er begegnete dort der hohen Kultur eines Indio-Volkes, die sich u. a. im Bau von Tempelpyramiden und in einem ausgeprägten Kunsthandwerk zeigte. Er gelangte in die Hauptstadt des politisch gut durchorganisierten Reichs des Königs **Montezuma**, nach **Tenochtitlan**. Die Azteken unternahmen einen Aufstand gegen die Fremden. Cortez konnte sich mit wenigen Überlebenden retten. 1521 kehrte er mit verstärkter Macht zurück, eroberte und zerstörte Tenochtitlan. Er stellte das Aztekenreich unter spanische Verwaltung. Mexiko wurde das „Vizekönigreich Neuspanien“.

Plan der Stadt **Tenochtitlan** *aus der Zeit der Entdeckung, Holzschnitt von 1524.*

Machu Picchu – *eine terrassenförmig angelegte Stadt der Inkas*

Pizarro erobert das Inkareich

Ähnlich wie die Azteken in Mexiko hatten die Inkas an der Westküste Südamerikas eine beeindruckende Hochkultur in einem großen Reich geschaffen, das 1530 bis 1533 von dem Spanier **Pizarro** erobert wurde.

Das **Reich der Inkas** war ein straff organisierter Sozialstaat, in dem sich Grund und Boden im Gemeindebesitz befanden. Die Eroberer fanden auch ein gut ausgebautes Straßennetz vor, auf dem sie die unerhörten Schätze an Gold und Silber abtransportierten.

Wie die unterworfenen Azteken gerieten auch die Bewohner des Inkareiches unter ein ausbeuterisches und grausames Kolonialregime, das von der katholischen Kirche durch die Missionierung der Indios unterstützt wurde.

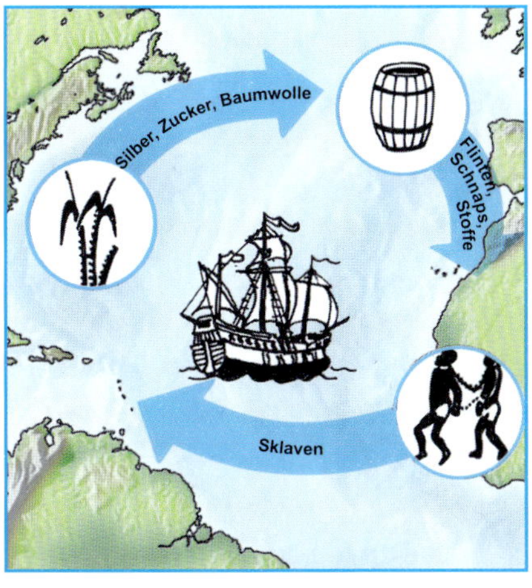

Der **atlantische Dreieckshandel**

Das Schicksal der Indios

Spanische Aussiedler kamen in die Kolonien und errichteten dort Plantagen und Bergwerke zum Abbau der Bodenschätze. Aus diesen Siedlern bildete sich allmählich eine spanische Oberschicht heraus.

Die Indios mussten als Zwangsarbeiter auf den Plantagen, in Bergwerken und Goldwäschereien arbeiten. Sie waren gezwungen, die Sprache, die Lebensformen und den Glauben der weißen Eroberer, das Christentum, anzunehmen.

Erst auf Drängen des spanischen Missionars und Bischofs **Las Casas** erließ Spanien 1542 ein Gesetz, das die Zwangsarbeit der Indios verbot, aber nur schwer durchgesetzt werden konnte. Die Verbesserung der Lebensbedingungen für die Indios wurde jedoch mit dem zunehmenden Einsatz von **Negersklaven aus Afrika** erkauft.

Verheerend wirkten sich bei den Indios die von den Spaniern unbeabsichtigt eingeschleppten Seuchen aus: Wegen mangelnder Immunität ihres Körpers erlagen sie Krankheiten wie Pocken, Typhus und der Pest. Mexiko, Peru und Haiti, einst dicht besiedelte Gebiete, verloren innerhalb von 50 Jahren schätzungsweise drei Viertel ihrer Bevölkerung.

Folgen der Entdeckungen für Europa

Mit den neuen Handelswegen und Kolonien veränderte sich auch die Wirtschaft Europas grundlegend. Portugal konnte mit seiner gewaltigen Menge eingeführter Gewürze (Pfeffer, Ingwer, Muskat, Nelken) und Seidenstoffen die Preise der italienischen Fernhändler unterbieten. Der europäische Fernhandel verlagerte sich von Genua und Venedig an die europäische Westküste.

Der **Kolonialhandel** erhöhte sein reichliches Angebot, wodurch auch die Nachfrage nach Waren stieg, die zuvor nur für Höchstpreise zu kaufen waren.

Auch der Warenaustausch zwischen Spanien und der Neuen Welt nahm ständig an Umfang und Bedeutung zu. So gab es in Südamerika riesige Zuckerrohrplantagen. Die Preise für Zucker sanken und der Konsum erhöhte sich. Neben Tabak und Kakao gelangten auch neuartige Nutzpflanzen nach Europa, vor allem die **Kartoffel** und der **Mais**. Diese beiden Früchte trugen entscheidend dazu bei, in weiten Teilen Europas die Ernährung zu sichern.

Die Europäer entwickelten mit ihrer Herrschaft über die Kolonien einen **atlantischen Dreieckshandel**, in dem der Sklavenhandel ein besonders dunkles Kapitel darstellt und dessen nachhaltige Folgen besonders in der Gesellschaft Lateinamerikas und der USA noch heute wirksam sind.

Glaubensspaltung

Kritik an der Kirche

Im ausgehenden Mittelalter war die Kirche weitgehend verweltlicht. Päpste und Bischöfe führten eine prunkvolle Hofhaltung genau wie die weltlichen Fürsten. Mit der Wiederentdeckung der antiken Kultur und dem Aufblühen der schönen Künste statteten auch Päpste und Bischöfe ihre Residenzen immer luxuriöser und reichhaltiger aus. Dazu benötigten sie immer mehr Geld. Viele Adlige hatten das Amt des Bischofs, des Abtes oder Domherrn mit Geld erkauft, das in die päpstliche Kasse floss. Papst und Bischöfe waren mehr um die Stärkung ihrer weltlichen Macht bemüht, als um die Sorge für ihre Gläubigen. Die einfachen Pfarrer (Leutpriester) waren meist für ihre Aufgaben als Seelsorger nicht hinreichend ausgebildet; infolge ihres geringen Einkommens kümmerten sich viele von ihnen mehr um einträgliche Nebengeschäfte als um ihre Gemeinden.

Seit zweihundert Jahren hatten Kirchenversammlungen (Konzilien) immer wieder zu Reformen aufgerufen. Zwar hatten Päpste, Bischöfe und Geistliche versucht, die Verhältnisse zu verbessern, aber eine grundlegende Änderung hatten sie nicht erreicht.

Die Zerstörung des alten Weltbildes und damit die Erschütterung der gewohnten Ordnung hatte die Menschen sehr verunsichert. Viele glaubten, all die Schrecken ihrer Zeit – Hungersnöte, Kriege, das Auftreten der Pest – seien auf einen unchristlichen Lebenswandel der Menschen zurückzuführen. Daher waren sie erfüllt von Angst vor einem Strafgericht Gottes, vor dem Teufel und vor der ewigen Verdammnis in der Hölle.

So war es kaum verwunderlich, dass sich eine neue Volksfrömmigkeit und eine tiefe Heilssehnsucht entfaltete, da die Amtskirche bei der Erneuerung des kirchlichen Lebens versagte. Es kam zu häufigen Wallfahrten, unzähligen Stiftungen, zu einer übertriebenen Reliquienverehrung, aber auch zu Aberglauben, ausgeprägtem Hexenwahn und Sektenbildung.

Hie sitzt der Antichrist ym tempell gots vñ ertzeygt sich alß got wie Paulꝰ vorkundet 2. Thessal 2. vorandert alle gotlich ordnung wie Daniel sagt vnnd vntherdruckt die heylig schrifft / vorkeufft dispensacion/ Ablas Pallia Bisthumb lehen/ erhebt die schetz der erden / Lost vff die ehe / beschwerdt die gewissenn mit seynen gesetzen / Macht recht vnd vmb gelt zureyst er das/ Erhebt heyligen/ Benedeyet vñ maledeyet yns vierde geschlecht vñ gebewt seyn stym zuhoren gleych wie gots stym c. sic oīs dis. 19. vnd nimants sall ym eynreden. 17 q. 4. c. nemini.

Der Ablasshandel

Viele Menschen glaubten, durch gute Werke könne man seine Sünden abbüßen. Nach der Lehre der katholischen Kirche kann ein Sünder nach einer reumütigen Beichte von seinen Sünden freigesprochen werden.

An die Stelle der Beichte und Buße trat aber zunehmend ein merkwürdiges Handelsgeschäft, bei dem sich die Christen gegen Bargeld von ihren Sünden und der Buße freikaufen konnten: der **Ablassbrief**. Der Kauf dieser Ablassbriefe war offensichtlich beim Volk damals sehr beliebt. Im Volksmund wurde der bezeichnende Spruch geprägt: „Der Taler in dem Säcklein klingt, die Seele aus dem Feuer springt". **Ablassprediger**, vor allem aus dem Dominikanerorden, verbreiteten im Volk auch noch den Glauben, man könnte durch den Ablasskauf bereits verstorbene Angehörige von ihren Sündenstrafen frei kaufen.

Porträt von **Martin Luther** *als Reformator (Gemälde von Lucas Cranach d. Ä. 1532)*

Martin Luther

Der Augustinermönch, Priester und Hochschullehrer **Martin Luther** aus Wittenberg prangerte 1517 in einem Protestschreiben das bestehende Ablasssystem auf das Schärfste an. Er nahm die Amtserhebung des Bischofs **Albrecht von Brandenburg** zum Anlass für seinen Protest. Dieser hatte 1514 mit Zustimmung des Papstes gleich drei Bischofsämter mit geliehenem Geld gekauft. Um das geliehene Geld zurückzahlen zu können, betrieb der Bischof einen regen Ablasshandel. Letztlich bezahlten die Gläubigen mit dem Kauf von Ablassbriefen die Bestechungsgelder. Luther untermauerte seinen Protest gegen den Ablasshandel mit **95 Thesen**, theologischen Aussagen, und wollte damit nach der Sitte der Zeit zu einer öffent-lichen Disputation über dieses Thema aufrufen. Da die Unzufriedenheit über die Missbräuche in der katholischen Kirche allgemein verbreitet war, fanden die Thesen Luthers ein großes Echo in allen Schichten der Bevölkerung und wurden nach der Übersetzung ins Deutsche auch von vielen interessierten Laien begierig gelesen. Die Erfindung der Buchdruckerkunst ermöglichte eine schnelle Vervielfältigung und Verbreitung im ganzen Reich.

Martin Luthers **Thesenanschlag** *an der Schlosskirche zu Wittenberg am 31. Oktober 1517*

Auszug aus Luthers 95 Thesen (1517):

„1. Da unser Herr und Meister, Jesus Christus, sprach: „Tut Buße", wollte er, dass das ganze Leben seiner Gläubigen auf Erden eine stete Buße sei.

27. Die predigen Menschen Tand, die vorgeben, dass sobald der Groschen im Kasten klingt, die Seele von Stund an aus dem Fegfeuer fahre ...

36. Jeder Christ ohne Ausnahme, der wahrhafte Reue empfindet, hat völlige Vergebung von Strafe und Schuld, die ihm auch ohne Ablassbrief gebührt ...

43. Man soll die Christen lehren, dass, wer den Armen gibt, den Bedürftigen leiht, besser tut, als wer Ablassbriefe kauft ..."

Luther war besorgt über den falschen Glauben, der durch den Ablasshandel entstand: Man könne nach Herzenslust sündigen und sich danach mit Geld von seinen Sünden wieder frei kaufen. Nach Luthers Auffassung sollte der Mensch grundsätzlich nicht sündigen, auch wenn Gott dem Sünder vergibt. Um Vergebung zu erlangen, so Luther, hilft kein Geld, vielmehr allein der Glaube an die Gnade Gottes, so wie sie sich in der Heiligen Schrift offenbart.

Luther auf dem **Reichstag in Worms**, *17./18. April 1521*

Die Reformation

Die Reaktion der Römischen Kirche auf Luthers Thesen

Erzbischof Albrecht von Brandenburg verurteilte Luthers kirchlich-religiöse Klagen als ketzerisch. Luther wurde beim Papst denunziert. Der mit dem Ablasshandel beauftragte **Dominikanerorden** erhob 1518 ebenfalls Anklage gegen Luther und bezichtigte ihn der Ketzerei, wogegen Luther aber nicht an eine neue Lehre dachte, sondern die alte reinigen wollte.

Luthers Landesherr, **Kurfürst Friedrich III. von Sachsen**, setzte sich für Luther ein und konnte seine Vorladung zum Verhör nach Rom verhindern. In dem Streitgespräch mit Johann Eck, dem Beauftragten des Papstes in Leipzig 1519, weigerte sich Luther, seine Thesen zu widerrufen und nahm dabei eine derart kritische Position gegen Papst, Kirche und Konzilien ein, dass er von diesem Zeitpunkt an mit dem **Kirchenbann** rechnen musste. Als er 1520 im Beisein seiner Studenten das Schreiben des Papstes, in dem ihm der Kirchenbann angedroht wurde, in Wittenberg auch noch öffentlich verbrannte, forderte er seinen Ausschluss aus der Kirche regelrecht heraus. 1520 wurde der Kirchenbann über Luther ausgesprochen.

Im gleichen Jahr veröffentlichte Luther drei bedeutende Schriften, in denen er die Grundsätze seiner Reform und der Kritik an der Kirche ausführte. Da Luther seine Schriften seit 1517 zunehmend in deutscher Sprache abfasste, konnten sie von vielen Menschen gelesen werden.

Luthers Landesherr, **Kurfürst Friedrich III. von Sachsen**

- *In seiner Schrift* **„An den christlichen Adel deutscher Nation von des christlichen Standes Besserung“** *forderte er den Adel nach dem Versagen der Kirche zur Reform auf, mit der Begründung, nicht nur die Geistlichen, sondern alle gläubigen Christen seien nach dem Evangelium Priester.*
- *Die Schrift* **„Von der babylonischen Gefangenschaft der Kirche“** *handelte von den Sakramenten, von denen Luther nach der Heiligen Schrift nur das Abendmahl, die Taufe und die Buße erhalten wollte, während er die übrigen Sakramente (Firmung, Eheschließung, Priesterweihe und Letzte Ölung) abschaffen wollte.*
- *In seiner wohl bedeutendsten Schrift:* **„Von der Freiheit eines Christenmenschen“** *erläuterte Luther schließlich, was er unter einem neuen evangelischen Glauben verstand.*

Die Reaktion des Kaisers Karl V.

Die Frage der Reform der Kirche war nicht zuletzt durch die rasche Verbreitung von Luthers Schriften im ganzen Reich zu einem beherrschenden Thema geworden, so dass nun auch der „Staat“ in die Auseinandersetzung eingreifen musste.

Der Habsburger **Karl V.**, 1519 nach dem Tod seines Großvaters **Maximilian I.** mit 19 Jahren zum Kaiser des Deutschen Reiches gewählt, hatte in Europa und insbesondere im Reich selbst mit großen Schwierigkeiten zu kämpfen. Er sah sich in der Nachfolge Karls des Großen als Friedenswahrer und auch als Verteidiger des Glaubens. So konnte er nicht untätig zusehen, was im Reich geschah.

1520 kam er nach Aachen, um sich zum Kaiser krönen zu lassen. 1521 nahm er an dem ersten **Reichstag in Worms** teil, zu dem auch Martin Luther geladen worden war. Auf dem Reichstag sollte geprüft werden, ob Luthers Lehre ketzerisch und nach dem Kirchenbann über ihn auch die Reichsacht auszusprechen sei. Luther wurde gefragt, ob er seine Lehre widerrufen wolle und lehnte auch nach einer Bedenkzeit den Widerruf ab. Daraufhin ächtete im **Wormser Edikt** der Reichstag Luther, d. h. er wurde aus der Rechtsgemeinschaft ausgeschlossen und seine Lehre wurde verboten.

***Aus dem Wormser Edikt vom 8. 5. 1521:** „...und befehlen euch ernstlich, dass ihr Martin Luther nicht beherbergt, nährt und tränkt, sondern ihn gefangen nehmt und uns wohlbehalten zusendet... Desgleichen gebieten wir allen Richtern, dass sie die Schriften, Bücher, Zettel (Luthers) im ganzen Reich einsammeln, zerreißen und mit öffentlichem Feuer verbrennen..." (Zitiert nach: Schmid, H. G.: Fragen an die Geschichte, Band 2 S. 193, Frankfurt 1980)*

Eine neue Konfession entsteht

Der Kurfürst Friedrich III. von Sachsen sorgte trotz der gegen Luther ausgesprochenen Reichsacht für eine gesicherte Rückkehr Luthers vom Wormser Reichstag. Anschließend brachte er ihn auf der Wartburg in Sicherheit. Luther übersetzte dort 1521 bis 1522 das Neue Testament ins Deutsche. Er orientierte sich in Rede und Schrift an der Sächsischen Kanzleisprache, ging aber in seinem sprachschöpferischen Wirken über alle Anregungen hinaus und schuf mit seiner Bibelübersetzung die eigentliche Grundlage für die neuhochdeutsche Sprache.
Viele auf dem Wormser Reichstag vertretene Fürsten und Städte lehnten Kirchenbann und Reichsacht ab und ergriffen offen Partei für Martin Luther. Auch der Kaiser verzichtete zunächst auf eine Vollstreckung der Strafe gegen ihn.
Die Anteilnahme an dem Schicksal des Reformators Luther löste in großen Teilen der Bevölkerung überall in Deutschland enorme Aktivitäten aus: Es begann eine Reformation von unten.

- Kirchengemeinden wählten selbst ihre Geistlichen und vertrieben die katholischen Priester.
- In vielen Gemeinden feierte man Gottesdienste nach einer völlig neuen Ordnung.
- Das Eheverbot für Priester wurde vielfach nicht mehr beachtet: Luther selbst heiratete eine ehemalige Nonne.
- Kircheneinrichtungen und Klöster wurden geplündert oder gar verwüstet.

In dieser unübersichtlichen Lage beteiligten sich immer mehr Landesherren am Aufbau einer reformatorischen Kirche. Im Kurfürstentum Sachsen entstand die erste neue **lutherische Kirchenordnung**. Gegner des Habsburger Kaisers sahen durch die Unterstützung der Reformation eine willkommene Möglichkeit, die eigene Macht auszuweiten und dem katholischen Kaiser zu schaden. Das Ringen um den rechten Glauben geriet in den Hintergrund. Schließlich galt in etlichen Kurfürstentümern, Grafschaften und Städten folgender Grundsatz für die Einführung des neuen Glaubens: **Wem das Gebiet gehört, der bestimmt die Religion** („Cuius regio eius religio"). Ohne dass die Einwohner gefragt wurden, vollzog sich damit endgültig eine Glaubensspaltung, die niemand hatte vorhersehen können.

Die Christenheit spaltet sich weiter auf

Der Franzose **Jean Calvin** war ein Anhänger der Lehre Luthers, die in Frankreich verboten wurde. Calvin floh in die Schweiz, wurde zur Durchführung der Reformation in die Stadt Genf berufen und gründete in der von der Religion geprägten Musterstadt die **reformierte Kirche**.
Nach seiner Lehre war von Gott vorherbestimmt, wer als Auserwählter galt und damit für das ewige Seelenheil bestimmt ist und wer dagegen zur ewigen Verdammnis verurteilt war. Sparsame, fleißige und erfolgreiche Menschen zählten zu den Auserwählte Gottes, Arbeit und Gewinnstreben galten nach Calvins Lehre als eine Form des Gottesdienstes. Im Gegensatz zu Martin Luther hielt er den gewaltsamen Widerstand gegen eine ungerechte Obrigkeit für gerechtfertigt.
In Genf verfasste Calvin eine strenge Kirchenordnung für die reformierten Gemeinden und ließ Prediger ausbilden, die seine Lehre in den Niederlanden, in Frankreich, in England, in Schottland und Nordamerika verbreiteten.

Porträt von **Jean Calvin**, *Reformator*

Bauernaufstände

Abgabe des "Zehnten" (Holzschnitt)

Zusammenschlüsse der Bauern

In etlichen Gegenden Deutschlands hatten sich Bauern zu Bündnissen zusammen geschlossen, z. B. zum **Bundschuh** oder zum **Armen Konrad**. Vor allem in Franken, Schwaben und Thüringen, wo der Pfarrer **Thomas Müntzer** eine wichtige Rolle spielte, vereinigten sich die Bauern zu bewaffneten Gruppen, um ihren Forderungen Nachdruck zu verleihen. Einige ihrer Hauptanführer in Süddeutschland – **Florian Geyer** und **Götz von Berlichingen** – entstammten dem Ritterstand. Die Bauernhaufen stürmten Burgen, zündeten Schlösser an und plünderten Klöster.

Zur Lage der Bauern

Seit der Mitte des 15. Jahrhunderts wuchs die Unzufriedenheit der Bauern. Sie richtete sich vor allem gegen die Landesfürsten, die in ihren Ländern die bäuerliche Selbstverwaltung und die Dorfgerichte immer mehr eingeschränkt hatten. Zudem waren die Bauern erbittert, dass sich ihre Lage durch die oft willkürliche Erhöhung von Abgaben und Frondiensten verschlechtert hatte. Immer wieder hatte es in verschiedenen Gegenden des Reiches Verschwörungen und Aufstände der Bauern gegeben, aber sie konnten ihr Schicksal aus eigener Kraft nicht ändern. So suchten sie eine Lösung in den Aussagen Martin Luthers. Dieser hatte in seiner Schrift „**Von der Freiheit eines Christenmenschen**" harte Worte gegen die Tyrannei geschrieben. Der Christ sei durch den Glauben zwar „ein Knecht Gottes, aber auch ein freier Herr aller Dinge". Auch predigte Luther die Gleichheit aller Menschen vor Gott. Die Bauern übertrugen dies auf ihre wirtschaftliche und gesellschaftliche Lage.

Bauernaufstände des **Bundschuh** *am Oberrhein. Bauern schwören auf die Bundschuhfahne.*

Bauernkriege 1524/25: *Aufrührerische Bauern bedrohen einen Ritter.*

Das Programm der Bauern: Die „zwölf Artikel der Bauernschaft“

In den zwölf Artikeln der schwäbischen Bauern wurde die politische und wirtschaftliche Gleichheit aller Menschen verkündet und die Aufhebung der Leibeigenschaft und der freie Zugang zu den Schätzen der Natur gefordert. Das Programm enthielt ebenso ausgesprochen religiöse Forderungen wie auch die „reine Predigt des Evangeliums“.
Luther unterstützte zunächst die Forderungen der Bauern. Er hatte bereits 1523 die Grund- und Landesherren ermahnt, die Bauern gerecht zu behandeln. Nach dem Ausbruch der Gewalttätigkeiten 1525 agitierte er in massiver Form gegen die Bauern und warf ihnen vor, sich auf das Evangelium zu berufen, um materielle Vorteile zu erlangen. Voller Unwillen und Abscheu wandte er sich in einer Schrift „**Wider die räuberischen und mörderischen Rotten der Bauern**” gegen deren Vorgehen.

.. (bisher) durfte ich die Bauern nicht verurteilen, weil sie sich zu Recht und besseren Unterweisung erboten ... Aber ehe ich umsehe, waren sie fort und greifen mit der Faust drein ... rauben und toben wie rasende Hunde ... gräuliche Sünden wider Gott und Menschen laden diese Bauern auf sich; daran sollen sie den Tod verdient haben.“
(Zitiert nach Sievens, L.: Revolution in Deutschland, Stuttgart 1978, S. 318)

Luther opferte lieber einen Teil seiner Anhängerschaft, als einen Verstoß gegen das Bibelwort zuzulassen: „Jedermann sei der Obrigkeit untertan, die Gewalt über ihn hat.“

Die Fürsten holen zum Gegenschlag aus

Weder die katholischen noch die protestantisch gewordenen Landesherren wollten den Aufruhr der Bauern dulden und deren Forderungen erfüllen. Sie stellten **Landsknechtsheere** auf und schlugen die Bauern vernichtend. Die Anführer der Bauern wurden grausam bestraft. So wurde der Pfarrer **Thomas Müntzer,** der Anführer der Thüringer Bauern, der alle „Übeltäter“ vernichten wollte, gefangen genommen, gefoltert und öffentlich enthauptet.
Müntzer war wohl der radikalste Reformer, der Luther nach dessen Parteinahme für die Landesherren und der Verdammung der Bauern am schärfsten kritisiert hatte. Er hatte Luther vorgeworfen, nur das geistliche Leben und die Kirche reformieren zu wollen. Müntzer hingegen hielt es für unerlässlich, das ganze gesellschaftliche und staatliche Leben zu ändern. Aus Nächstenliebe forderte er die Aufhebung aller Rangunterschiede zwischen Bischöfen, Fürsten, Handwerkern und Bauern. Denn die Unterschiede zwischen Armen und Reichen, Schwachen und Mächtigen sah er als eine Verletzung der göttlichen Gebote an.

Gefangene Bauern werden abgeführt.

Die Regierung Karls V.

Der Kampf um die Vormacht in Europa

Als **Karl V.** 1519 die Regierung antrat, war er Herrscher eines Weltreiches, „in dem die Sonne nicht untergeht". Es erstreckte sich von Ungarn im Osten, die habsburgischen Niederlande im Norden nach Spanien und Italien im Süden und bis zu den spanischen Kolonien in Amerika. Er war der mächtigste Herrscher in Europa, aber seine Macht war nicht ungefährdet. Frankreich wollte seine Grenzen nach Osten und Norden ausweiten und strebte wie die Habsburger die Vorherrschaft in Europa an.
Karl V. führte ab 1521 insgesamt vier Kriege gegen Frankreich. Seine Truppen waren durchweg siegreich, obwohl sich im Laufe der langen kriegerischen Auseinandersetzungen sowohl der römische Papst als auch das Osmanische Reich der Türken mit Frankreich verbündet hatten. Die Türken hatten Belgrad erobert und standen 1529 vor Wien. Die Belagerung scheiterte jedoch.

Karl V. und die Reformation in Deutschland

Zu den Schwierigkeiten, den Machtanspruch außenpolitisch zu verteidigen, kamen die fortwährenden Auseinandersetzungen um die Religionsfrage sowie die sozialen Unruhen im Deutschen Reich. Dort protestierte man nicht nur gegen Papst und Kirche, sondern auch gegen den Kaiser als Reichsoberhaupt.
Als Karl V. sich zehn Jahre nach dem Wormser Reichstag – seinem ersten Aufenthalt im Reich – wieder den Verhältnissen im Deutschen Reich zuwandte, gab es unter den deutschen Fürsten bereits zahlreiche Anhänger der Reformation. Auf dem Reichstag zu Speyer (1529) hatte sich gezeigt, dass aus der religiösen Spaltung nunmehr auch eine politische geworden war.

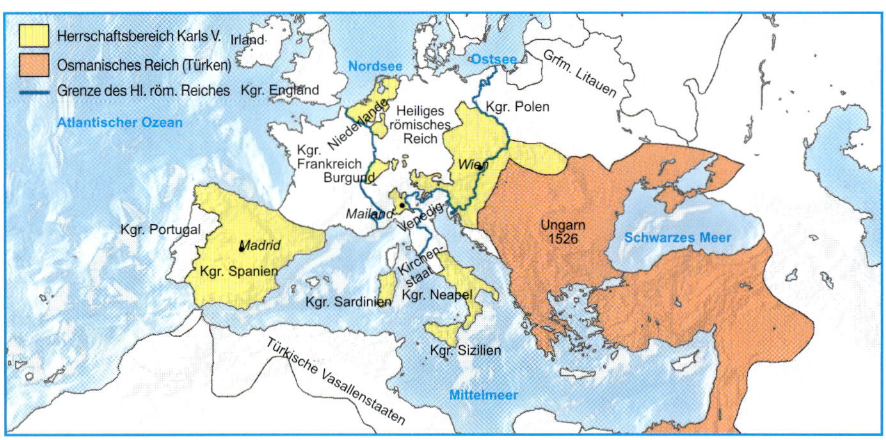

So legten die inzwischen zum Teil evangelisch gewordenen Reichsstände auf dem **Reichstag zu Augsburg** dem Kaiser 1530 ihre neuen, von dem Wittenberger Gelehrten **Melanchton** verfassten Glaubensgrundsätze vor. Diese waren zwar ausgewogen, entgegenkommend und betonten Gemeinsamkeiten der Lutheraner und Katholiken, aber im Kern war die „Augsburger Konfession" eindeutig lutherisch.
Die katholische Seite war zu keinen Verhandlungen bereit. Sie bestätigte mehrheitlich ohne Rücksicht auf die vorhandene Glaubensspaltung im Lande das **Wormser Edikt**. Gegen diese Entscheidung protestierten die lutherischen Fürsten und Städte. Hier entstand auch der Begriff **Protestanten**. Als Reaktion auf die Stellungnahme der katholischen Seite schlossen sich nun ein großer Teil der protestantischen Fürsten und Städte zu einem militärischen Schutzbündnis, dem **Schmalkaldischen Bund** zusammen. Wegen der Türkengefahr kam es 1532 zu einem Stillhalteabkommen zwischen dem Kaiser und seinen Gegnern. Es gewährte die vorläufige freie Religionsausübung. Aber in den folgenden Jahren scheiterten alle Verhandlungen zwischen Protestanten und Katholiken. Auch mit dem siegreich beendeten Krieg des Kaisers über die Fürsten des Schmalkaldischen Bundes (1547) konnte Karl V. die inneren Probleme des Reiches nicht lösen.

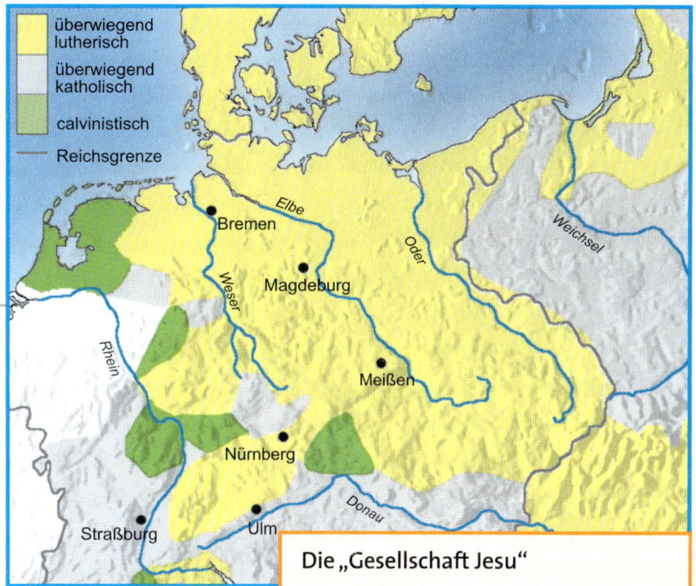

Der Augsburger Religionsfriede 1555

Im Jahre 1555 kam der **Augsburger Religionsfriede** zustande. Darin wurden die lutherischen Protestanten auf der Grundlage des Augsburger Bekenntnisses von 1530 den Katholiken rechtlich völlig gleich gestellt. Die Anhänger der Lehre Calvins waren von der Gleichstellung ausgeschlossen. Mit dem Augsburger Religionsfrieden wurde die bereits geübte Praxis zum Gesetz, wonach die Fürsten ihre Glaubensüberzeugung auf ihre Untertanen übertrugen.
Weitere Bestimmungen besagten:

- Andersgläubige dürfen auswandern.
- In den Städten darf jeder die Konfession frei wählen und ausüben.
- Die Kirchengüter, die die Protestanten eingezogen haben, sollen in ihrem Besitz bleiben.
- Geistlichen und Fürsten wird der Übertritt zur protestantischen Konfession nicht verwehrt. Sie verlieren aber dadurch Amt und Herrschaft.

Deutschland wurde im wesentlichen durch die Entscheidung der Landesherren konfessionell gespalten. Es kehrte ein Religionsfriede ein, der im großen und ganzen bis zum Dreißigjährigen Krieg andauerte.
Karl V. legte 1555 enttäuscht seine Kaiserkrone nieder. Er hatte mit seiner Politik gleichzeitig drei große Ziele verfolgt: Die Bekämpfung der Türken und Franzosen, die Unterwerfung der deutschen Reichsfürsten unter den kaiserlichen Willen und die Vernichtung der lutherischen Ketzerei. Er konnte jedoch seine Ziele nur teilweise verwirklichen und gab resigniert auf. Er zog sich in den letzten Jahren seines Lebens in das **Kloster Yuste** in Spanien zurück und starb dort 1558.

Reform der katholischen Kirche

Infolge der Auseinandersetzungen während der Zeit der Glaubensspaltung wurden in der katholischen Kirche Kräfte geweckt, die sie aus ihrer Erstarrung und Gleichgültigkeit rissen, und sie gegen die Verweltlichung kämpfen und wirkungsvoll für eine innere Erneuerung eintreten ließ.
So berief der Papst 1545 eine große Kirchenversammlung ein, das **Konzil von Trient**, das mit Unterbrechungen bis 1563 tagte. Das Konzil verwarf die Lehre Luthers, wonach das Evangelium die einzige Quelle des Glaubens sei. Es bekräftigte die Lehre, dass neben der Heiligen Schrift auch die Überlieferung der Kirche eine Quelle des Glaubens sei. Es definierte die Rechte und Pflichten von Papst, Bischöfen und Priestern neu und verbot den Ablasshandel und den Kauf hoher kirchlicher Ämter.
Es regelte die Ausbildung des Priesternachwuchses in kirchlichen Seminaren und veranlasste eine stärkere Kontrolle der Klöster und der Seelsorge.

Die „Gesellschaft Jesu“

Neue Kräfte wurden der Kirche durch den von dem spanischen Edelmann **Ignatius von Loyola** gegründeten Orden, der **Gesellschaft Jesu**, zugeführt. Dieser vom Papst anerkannte größte katholische Orden verlangte von seinen Mitgliedern absoluten Gehorsam.
In Deutschland entstanden viele Niederlassungen der **Jesuiten**. Sie eröffneten Schulen und hatten in katholischen Ländern auch Einfluss auf die Universitäten. Als hervorragend ausgebildete Lehrer und Missionare hatten sie beachtliche Erfolge bei der Rückgewinnung von Protestanten zum katholischen Glauben und bei der Mission der „Heiden“ in der Neuen Welt. Auch als Erzieher an zahlreichen europäischen Fürstenhöfen verstärkten sie den politischen Einfluss der katholischen Kirche. So wurden die Jesuiten die eigentlichen Träger der **Gegenreformation**, wie diese Periode später im 19. Jahrhundert genannt wurde.

Ignatius von Loyola, *spanischer Ordensstifter, heilig gesprochen.*

Bartholomäusnacht
am 23./24. August 1572: Massaker an französischen Calvinisten in Paris anlässlich der Hochzeit Heinrichs IV.

Die Glaubenskriege in Europa

Der Freiheitskampf der Niederlande

Die Gegenreformation war in Spanien besonders aktiv. **Philipp II.** hatte als König von Spanien die von seinem Vater Karl V. begründete unumschränkte Königsgewalt geerbt. Unter seiner Regierung verlor die spanische Ständevertretung (Cortes) ihre Bedeutung. Die katholische Religion wurde zur Staatsreligion erklärt. Alle Andersgläubigen wurden vertrieben oder fielen der **Inquisition** zum Opfer.
Die Niederlande waren politisch mit dem katholischen Spanien verbunden. Dort war die calvinistische Lehre verbreitet. Die Unterdrückung aller reformatorischen Bestrebungen durch die Spanier löste bei den unzufriedenen Niederländern Unruhe aus. 1566 kam es zu einem Aufstand gegen die ungeliebten spanischen Herren. Die Niederländer forderten Religionsfreiheit und zerstörten sogar einige katholische Kirchen. Dem spanischen **Herzog Alba** gelang es trotz seines brutalen Vorgehens, bei dem er auch Tausende von Niederländern zum Tode verurteilte, nicht, den Widerstand der Niederländer zu brechen. Als Reaktion auf diesen Terror schlossen sich die Niederländer unter **Wilhelm von Oranien** zu einem **Freiheitskampf** zusammen. Es gelang ihnen, die Spanier aus ihren nördlichen Provinzen zu vertreiben. Diese sagten sich 1581 von Spanien los und wurden calvinistisch. Spanien behielt das katholisch gebliebene Gebiet des heutigen Belgien.

Die Verfolgung der Hugenotten in Frankreich

In Frankreich gab es zahlreiche Anhänger der calvinistischen Lehre. Der französische König wollte aber in seinem Staat keine religiösen „Unruhestifter“ dulden. Deshalb ließ er die in Frankreich als **Hugenotten** bezeichneten Calvinisten grausam verfolgen.
Der Hass der katholischen Hofpartei gegen die Calvinisten führte 1572 in der **Bartholomäusnacht** zur blutigsten Verfolgung. Aus Anlass der Hochzeit des calvinistischen Prinzen **Heinrich von Navarra** hatte sich die gesamte hugenottische Elite in Paris eingefunden. Die Gäste wurden in der Nacht in ihren Quartieren überfallen und ermordet. Insgesamt fielen an die 20 000 Hugenotten diesem Anschlag in Paris und in den Provinzen zum Opfer. Heinrich von Navarra konnte fliehen. Er wurde nach dem Tod des französischen Königs Thronfolger. Seine Anerkennung als König konnte er aber erst durchsetzen, als er wieder zum katholischen Glauben zurückgekehrt war. Mit dem **Edikt von Nantes** wurde 1589 in Frankreich die völlige Religionsfreiheit und die bürgerliche Gleichberechtigung für die Hugenotten gewährt.

Der 30-jährige Krieg

Deutschland blieb infolge des 1555 geschlossenen Augsburger Religionsfriedens lange Zeit von blutigen Kämpfen verschont. Um 1600 verschärften sich aber auch hier erneut die religiösen Spannungen. Zum einen gab es den Gegensatz zwischen Lutheranern und Calvinisten. Zum anderen existierte die von den glaubenseifrigen Jesuiten getragene Gegenreformation, denen es gelang, mit ihrem Einfluss auf einige Fürsten etliche Gebiete zum katholischen Glauben zurückzuführen. Die über eine lange Zeit praktizierte Kompromissbereitschaft der beiden Glaubensparteien wandelte sich in zunehmende Kampfbereitschaft. Es kam zur

Gustav II. Adolf, *König von Schweden, fällt in der* **Schlacht von Lützen** *am 16. November 1632*

Der **Prager Fenstersturz** *23. Mai 1618*

Organisation von Kampfbündnissen: 1608 schlossen sich evangelische Landesfürsten und Städte zur **protestantischen Union**, 1609 schlossen sich katholische Landesfürsten zur **katholischen Liga** zusammen.
Die folgenden kriegerischen Auseinandersetzungen in den dreißig Jahren von 1618 bis 1648 gingen nahtlos ineinander über und ereigneten sich auch nach dem Eingreifen mehrerer europäischer Mächte alle auf deutschem Boden.
Hatte der 30-jährige Krieg als **Glaubenskrieg** begonnen, so traten in seinem Verlauf immer mehr die politischen Interessen und Gegensätze der großen Mächte Frankreich, Schweden und Habsburg in den Vordergrund.

- Frankreich verfolgte das Ziel, die Umklammerung durch Habsburg-Spanien aufzubrechen und seine Grenze an den Rhein zu verlegen.
- Das lutherische Schweden wollte seine Herrschaft im Ostseeraum stärken.
- Habsburg wehrte sich gegen die Schwächung seiner Stellung im Reich und in Europa.

Der Böhmisch-Pfälzische Krieg (1618 – 1623)

Zum Ausbruch der aufgestauten Feindseligkeiten kam es in Böhmen, als dort die vom Kaiser zugesagte völlige Religionsfreiheit widerrufen wurde. Im Zuge der Empörung darüber wurden 1618 zwei kaiserliche Statthalter von aufgebrachten Protestanten aus einem Fenster der Prager Burg geworfen, der so genannte **Prager Fenstersturz**. Damit begann der Aufruhr. Böhmen sagte sich vom Reich los, erklärte den katholischen König für abgesetzt und wählte den Führer der Union, den protestantischen König **Kurfürst Friedrich von der Pfalz**, zum König. Dieser aber wurde 1620 von den verbündeten Heeren des Kaisers und der katholischen Liga unter dem Feldherrn **Tilly** vernichtend geschlagen. So wurde Böhmen wieder katholisch.

Der Dänisch-Niedersächsische Krieg (1625 – 1629)

Das Heer der Liga stieß nach Norddeutschland in die von protestantischen Fürsten beherrschten Gebiete vor. Dort trat nun auch der dänische König an der Spitze seiner protestantischen Glaubensbrüder in den Krieg ein. Neben dem kaiserlichen Heerführer Tilly erfocht **Albrecht von Wallenstein** mit seiner gut organisierten Privatarmee im Dienste des Kaisers glänzende Siege. Nach dem Sieg über die Dänen schloss der Kaiser Frieden mit Dänemark.
1629 erließ der Kaiser ohne Zustimmung des Reichstags das **Restitutionsedikt**, mit dem alle seit 1552 eingezogenen katholischen Kirchengüter zurückgegeben und die katholischen Bistümer wiederhergestellt werden sollten. Das hätte die Unterwerfung des protestantischen Nordens und die Ausdehnung der kaiserlichen Macht bis zur Ostsee bedeutet. Die protestantischen Reichsfürsten sahen ihre Freiheit und Schweden sah seine beherrschende Stellung im Ostseeraum gefährdet.

Der Schwedische Krieg (1630 – 1632)

Im Jahre 1630 landete der Schwedenkönig **Gustav Adolf**, finanziell von dem katholischen Frankreich unterstützt, mit einem Heer an der deutschen Ostseeküste. Das Kriegsglück wandte sich nun den Protestanten zu. Gustav Adolf eroberte Norddeutschland und verfolgte mit Unterstützung durch die Kurfürsten von Sachsen und Brandenburg die kaiserlichen Truppen bis nach Bayern. In der **Schlacht von Lützen** (1632) siegten die Schweden, aber ihr König war gefallen. Danach konnten kaiserliche Heere die Schweden bis zur Ostseeküste zurück drängen.

Der Schwedisch-Französische Krieg (1635 – 1648)

Der Kaiser schloss in der Folgezeit mit den meisten protestantischen und katholischen Fürsten Frieden. Er verzichtete auf die Durchführung des Restitutionsedikts. In Deutschland entspannte sich die Lage. Ein Friedensschluss des Reiches mit Schweden hätte die Position des Kaisers noch mehr stärken können. Deshalb entschloss sich Frankreich zum Angriff auf das Reichsgebiet. Die Franzosen drangen sogar bis Wien vor. Die Kooperation des katholischen Frankreichs mit dem protestantischen Schweden im Kampf gegen das katholische Habsburg zeigte, wie sehr die Glaubensverteidigung durch Machtpolitik verdrängt worden war. Die Kämpfe dauerten noch 13 Jahre an, ohne dass es entscheidende Siege einer Partei gab.

Ende des 30-jährigen Krieges

Der „Westfälische Friede“

Nach langwierigen, fünfjährigen Verhandlungen beendete 1648 der **Westfälische Friede von Münster und Osnabrück** den 30-jährigen Krieg, unter dem am meisten Deutschland gelitten hatte. Seine Einwohnerzahl war während des Krieges um ein Drittel auf 10 Millionen gesunken. Weite Gebiete waren schrecklich verwüstet. Zu den in den zahlreichen Schlachten getöteten Soldaten kamen noch die Opfer der Gräueltaten hinzu, die führerlos durch alle Lande ziehende Söldnerhorden begangen hatten. Dazu fielen viele Menschen den Hungersnöten und den Pestwellen zum Opfer.
Es war die größte Katastrophe, die das Deutsche Reich bis dahin heimgesucht hatte. Nach dem verheerenden allgemeinen Krieg kamen die Staaten Europas zu der Einsicht, dass es eine neue Ordnung geben musste, die den Kontinent auf lange Sicht vom Krieg aller gegen alle befreien konnte.

Ergebnisse des Friedensschlusses

- Der Augsburger Religionsfriede von 1555 wurde bestätigt. Die Religionsfreiheit wurde auch den Calvinisten gewährt.
- Die Vereinigten Niederlande und die Schweiz wurden aus dem Reichsverband entlassen und zu selbstständigen Staaten.
- Schweden erhielt Vorpommern und mit den ehemaligen Bistümern Verden und Bremen bedeutende Besitzungen an den Mündungen von Oder, Elbe und Weser. Der schwedische König war damit deutscher Reichsfürst und Mitglied im Reichstag.
- Frankreich behielt die Bistümer Toul, Metz und Verdun sowie weitere Gebiete im Oberrheintal (Elsass).

Der Postreiter überbringt die ***Friedensbotschaft.***

- Das Heilige Römische Reich selbst blieb ein Staatenbund, in dem die Reichsfürsten die volle Landeshoheit in allen weltlichen und geistlichen Angelegenheiten erhielten. Infolge dieses Friedensschlusses wurde eine politische Schwächung des Reiches eingeleitet, von der es sich bis zu seinem Untergang im Jahre 1806 nicht mehr erholen konnte.

Der Verlust der kaiserlichen Zentralmacht ging mit einer Zersplitterung des Reiches einher. Es gab nun in Deutschland über **370 selbstständige Herrschaften**; das waren Fürstentümer, Klein- und Kleinststaaten und freie Reichsstädte. Diese konnten ihr eigenes Heer, ihre eigene Münze und ihre eigene Zollverwaltung unterhalten und untereinander und mit ausländischen Mächten Bündnisse schließen. Ihre Selbstständigkeit wurde nur durch ihre Treue gegenüber dem Reich und dessen Einrichtungen (Reichstag, Reichskammergericht, Reichshofrat) begrenzt.
Den europäischen Nachbarstaaten (Frankreich, Schweden) gelang es, ihre Macht zu stärken und mehr Einfluss auf die deutsche Reichspolitik auszuüben.
Die Auswirkungen des Krieges waren für Deutschland wirtschaftlich insgesamt nur schwer zu verkraften. Es war auch für seine Zukunft folgenschwer, dass der Zugang zum Meer abgeschnitten war. Eine Beteiligung am Welthandel war damit fast unmöglich.

Der absolute Herrscher – Vorbild für viele
Viele Fürsten in Europa, vor allem auch in Deutschland ahmten Ludwig XIV., der sich gern **Sonnenkönig** nennen ließ, nach: sie ließen im Barockstil prunkvolle Schlösser errichten; französische Kleidung, französische Sitten und die französische Sprache waren an vielen Fürstenhöfen verbreitet.

Der Absolutismus in Frankreich unter Ludwig XIV.

Das französische Königreich ging aus dem Dreißigjährigen Krieg gestärkt hervor. Dort leitete **Kardinal Richelieu** als erster Minister bis 1643 die Regierungsgeschäfte von **Königs Ludwig XIII**. und begann mit dem Aufbau eines Einheitsstaates mit absoluter Königsherrschaft. Mit allen politischen Maßnahmen verfolgte er das Ziel, das Land zu einigen, den inneren Widerstand gegen die absolute Monarchie zu zerschlagen und damit die Macht des Königs zu stärken. Richelieus Nachfolger, **Kardinal Mazarin**, der die Staatsgeschäfte für den noch minderjährigen Thronfolger **Ludwig XIV.** leitete, verfolgte die gleichen Ziele. Er beendete 1653 einen Aufstand des Adels und entmachtete ihn politisch. Nach dem Tod Mazarins nahm der König die Regierungsgeschäfte selbst in die Hand und schuf sich in den folgenden Jahren eine Machtposition, in der er allein uneingeschränkt entscheiden konnte und von allen Gesetzen unabhängig war. Er fühlte sich vom Gottesgnadentum als Herrscher bestätigt. So degradierte er seine ehemals mächtigen Minister zu Beratern, bzw. zu Befehlsempfängern. Der dem König Ludwig XIV. zugeschriebene Ausspruch: „Der Staat bin ich!" – „L`Etat, c` est moi!" – bestimmte zutreffend seine Regierungsweise. Diese Regierungsform wurde im 17. Jahrhundert von den meisten Königen Europas nachgeahmt und als **„Absolutismus"** bezeichnet.
Drei Säulen bildeten die Macht des absolut herrschenden Königs: ein ausgeprägter riesiger Beamtenapparat, das stehende Heer und die Wirtschaft.

- Die Verwaltung des großen Landes mit ca. 20 Millionen Einwohnern erfolgte durch zentrale Behörden, die von hohen königlichen Beamten überwacht wurden.
- Die Gerichte wurden dem königlichen Willen unterworfen. Der König allein war oberster Richter.
- Getreu dem Grundsatz: „Ein König, ein Glaube, ein Gesetz!" bestimmte der König den katholischen Glauben zur Staatsreligion. Er hob das Edikt von Nantes auf, in dem Heinrich IV. den Hugenotten Religionsfreiheit gewährt hatte. Über 250 000 Hugenotten mussten aus Frankreich fliehen.
- Adel und Geistlichkeit (Klerus) wurden politisch entmachtet.
- Das Stehende Heer – eine Armee, die auch in Friedenszeiten bestehen blieb – war das wichtigste und jederzeit einsatzbereite Machtinstrument des Königs. Mit einer Truppenstärke von über 300 000 Mann war es die stärkste Armee der Welt.
- Der aufwendige Lebensstil eines riesigen Hofstaates im Schloss von Versailles und die militärische Aufrüstung verschlangen Unsummen von Geld. Zur Finanzierung der Staatsausgaben führte der königliche Vertraute Colbert eine staatlich gelenkte Planwirtschaft ein. Er sicherte für Frankreich preiswerte Rohstoff- und Absatzmärkte, baute Häfen, Land- und Wasserwege aus. Er gründete Kolonien, und baute eine Handelsflotte und eine Kriegsflotte auf. Frankreich wurde durch Colberts Wirtschaftspolitik zu einer führenden Wirtschaftsmacht in Europa.
- Ludwig XIV. führte während seiner Regierungszeit (1643 – 1715) fünf große Kriege: er fiel in die spanischen Niederlande ein, griff die unabhängigen Niederlande (Nordprovinzen) und England an und kämpfte gegen Spanien und den deutschen Kaiser. Um dessen Macht entscheidend zu schwächen, verband er sich zeitweilig mit den Türken, die 1683 mit einem großen Heer vor Wien standen. Am Ende hatte Frankreich eine Vormachtstellung auf dem europäischen Festland erreicht. Der Erfolg war jedoch teuer erkauft worden, denn die hohen Kriegskosten trieben den Staat fast in den Ruin und einen großen Teil der Bevölkerung in bittere Armut.

Das Schloss von ***Versailles.***

INDEX VON A – Z

Bildquellen:

Umschlag: Bavaria Bildagentur, München (Dartsscheibe); **Mauritius Bildagentur, Berlin** (großes Motiv © AGE); **AKG, Berlin** (kleines Motiv)

Archiv für Kunst und Geschichte, Berlin (S. 4; 6; 9 oben, 10; 12; 13 unten; 14; 15; 18; 21; 22; 23;25; 26; 27 oben; 28 oben; 29; 30; 31; 33; 35; 36; 39; 40; 41; 42; 43; 44; 45; 46; 48; 50; 51 unten; 52 rechts; 53; 54 oben; 55; 56; 57 oben; 58; 59; 60; 61; 62; 63; 64 oben; 65; 66 oben links, unten; 67; 68 unten; 69; 70 rechts, 71; 72; 73 Mitte, unten; 74; 75; 76; 77 oben rechts, 79; 80; 81; 82; 83; 84; 85; 86, 87; 89; 90; 91; 92; 93)
Bavaria Bildagentur München (S. 2)
Bildarchiv Preußischer Kulturbesitz, Berlin (S. 21; 38; 64 unten; 66 oben rechts; 73 oben)
DPA Bildarchiv, Frankfurt (S. 54 unten)
Picture Press, Hamburg (S. 6; 8; 9 Mitte, unten; 13 oben; 16; 17; 27 unten; 28 unten; 34; 37; 51 oben; 52 links; 55 rechts; 57 unten; 68 oben; 70 links; 77 oben links, unten)

Karten:
Cornelsen Verlag, Berlin (S. 5; 10; 17; 23; 24; 49; 53; 63)
Stockmann Verlag, Bochum (S. 8; 19; 20; 43; 56; 58; 78; 79; 81; 88; 89; 90)

Grafiken:
Stockmann Verlag, Bochum

Impressum:

Herausgeber:
Prof. Peter Conrady, Universität Dortmund, Fachbereich „Kulturwissenschaften"

Autoren:
Gerhard Dellmann, Münster; Anna Heldmann, München; Josef Schölling, Münster; Werner Zenker, Kleve

In Zusammenarbeit mit der Redaktion „Erfolg mit Wissen" des Verlages Information & Bildung Berlin.

Gestaltung, Bildkonzeption und technische Umsetzung:
Artwork•Andreas Oft, Imhofstr. 1 B, 80805 München

Gestaltung des Umschlages:
Susanne Gebert, Nürnberg

ISBN 3-935891-02-4